챗GPT

Chat GPT AI

국내최초

10가지 인공지능 그림 그리기

최경희·허기도 지음

(주)광문각출판미디어
www.kwangmoonkag.co.kr

머리말

4차 산업혁명 시대 AI는 미래 세계의 중심이라는 키워드로 부상하며 다양한 분야에서 혁신을 가져왔다. 또한, AI는 컴퓨터공학, 사회과학, 인문학을 비롯한 여러 학문 분야와 밀접한 관련을 맺으며, 현대 사회 대부분과 연관성을 가지고 있다.

인공지능은 인간의 지능이 가지는 학습, 추리, 적응, 논증 따위의 기능을 기계 등에 인공적으로 구현한 것이다. 2022년 11월 30일 미국의 인공지능 기업 OpenAI에서 개발한 대화형 언어 모델 '챗GPT'는 광범위하게 수집한 데이터를 기반으로 사전 학습되어 주어진 질문에 문장으로 생성된 답을 제시한다.

챗GPT는 공개 후 며칠 만에 전 세계 사람들을 충격으로 몰아넣으며 AI의 혁명을 가져왔다. 챗GPT의 발명을 세계 최대 팹리스 기업인 미국 NVIDIA의 CEO 젠슨 황(Jensen Huang)은 다음과 같이 설명했다.

"우리는 AI의 아이폰 모멘트에 와 있다."

이 책은 우리의 상상력과 기술의 영역을 융합하는 흥미로운 여정으로 시작한다. 인류가 세상에 흔적을 남길 도구를 처음 선택한 순간부터 예술은 우리 정체성의 일부였다. 이제 AI의 출현과 함께 우리는 예술적 표현의 새로운 시대에 서 있다. 인간의 창의성과 기계 혁신 사이의 경계가 흐려지면서 AI가 인간의 마음을 읽고 그것을 그림으로 그려 주는 세상에 와 있다.

이 책은 챗GPT를 활용한 인공지능 기술을 이용하여 그림을 생성하는 10개의 프로그램을 소개하고 있다. 기존에 소개된 미드저니, 달리-2 외에 국내 최초로 총 10가지라는 최다 프로그램을 개괄적으로 담아내고 있다. 이 책에서 소개하는 인공지능 그림 생성 프로그램은 달리-E2, 미드저니, 빙 이미지 크리에이터, 레오나르도, 플레이그라운드, 비 디스커버, 어도비 파이어플라이, 뤼튼, 포킷, 캔바다.

첫 번째 장에서는 인공지능과 챗GPT의 이해와 사용법에 관한 정보를 제공한다.

두 번째 장에서 열한 번째 장까지는 10가지 인공지능 그림 생성 프로그램에 관한 이해와 활용법을 제공한다. 회원 가입과 프로그램 요금제, 메인 화면 구성 요소의 이해, 주요 기능과 편집기능을 알아보고 인공지능 그림 그리기 실습으로 이어진다.

독자 입장에서 10가지 프로그램에 대해 서로 비교하여 장단점도 분석하고 유료와 무료 버전에 대한 이해도 돕고 있다. 프로그램마다 특색 있는 그림 화풍도 제시하고 프롬프트 사용에 대한 팁도 제공한다.

AI가 그린 그림이 미술 공모전에서 디지털 아트 부분 1위를 차지하고, 국내 오픈마켓 11번가에서는 2023년 여름 바캉스 프로모션 디자인을 AI 프로그램에서 활용하였다. 누구나 텍스트를 사용하여 이미지를 생성하고 'OpenSea'와 같은 NFT Market 플랫폼에서 그림을 팔고 있다. 예술의 영역이 전문가라는 한계성을 넘어서 인공지능을 활용해 손쉽게 창작할 수 있는 새로운 시대로 접어들었다.

이 책은 초등학생부터 대학생과 성인에 이르기까지 인공지능 그림을 손쉽게 생성할 수 있도록 돕는다. 책 내용을 따라만 하면 진문가 수준의 인공지능 그림을 생성할 수 있다. 책에서 소개하는 열 가지 인공지능 그림 생성 프로그램은 독자들을 놀라움과 경이로움의 세계로 안내하며 가능성과 희망의 세계로 나가게 할 것이다. 선택은 누구나 자유다. 그러나 먼저 선택하는 자만이 멋진 결과를 얻게 된다. 이 책을 통해 여러분의 성공적인 창작 활동에 희망의 등불이 밝혀지길 기원한다.

최경희

<u>머리말</u>

    2022년 11월 30일 미국의 인공지능연구소 오픈 AI 가 프로토타입((prototype)으로 공개한 대화형 인공지능 챗GPT는 언어 모델을 기반으로 하는 AI 기반 챗봇으로 딥러닝 기술을 사용하고, 대화하는 형태를 통해 인간과 유사한 응답을 생성한다.

    챗GPT는 훈련된 방대한 양의 데이터 덕분에 마치 사람 같은 응답을 생성하는 기능이 사용자들에게 매우 인상적이며, 기존에 컴퓨터가 할 수 없다고 생각했던 일을 해내고 있다.

    틱톡이 1억 명의 사용자를 달성하는 데 9개월이 걸렸고, 인스타그램은 2년 반이 걸렸다. 그러나 챗GPT는 출시 2개월 만에 1억 명의 월간 활성 사용자를 확보하여 역사상 가장 빠르게 성장하는 소비자 애플리케이션으로 기록되었다.

    이 책은 이해하기 쉬운 설명과 그림을 첨부하여 다양한 독자가 책을 읽을 수 있도록 하였다. 이것은 AI와 같이 역동적이고 빠르게 진화하는 분야에서 특히 중요한 요소로 지식에 대한 접근성은 폭넓은 이해와 혁신을 촉진한다.

    인공지능 기술의 기초와 AI 언어 모델의 진화를 설명하는 것으로 시작하여 독자들에게 챗GPT의 활용도를 높이는 필수적인 맥락을 제공한다. 그런 다음 챗GPT의 아키텍처, 기능 및 잠재적인 응용 프로그램에 대한 포괄적인 탐색으로 10가지 인공지능 그림 생성 프로그램에 대한 활용을 제시한다.

    책을 펼치는 순간부터 독자들은 주제에 대한 심오한 이해에 사로잡혀 인공지능의 현주소에 놀라움을 금하지 못할 것이다. 책에서 소개하는 10가지 인공지능 그림 생성 프로그램은 모두 챗GPT와 같은 인공지능에 기반하고 있다.

독자들이 원하는 단어와 문장을 넣기만 하면 1분 안에 놀라운 그림을 생성한다. 책 표지도 만들고 회사의 로고도 만들고, 본인의 프로필 이미지도 생성한다. 유명 화가의 명화를 새로운 버전으로 생성하고 현실의 세계도 유명 명화로 패러디해 준다.

챗GPT의 잠재력은 기술적 전문성, 윤리적 성찰 및 실제 적용 가능성을 결합한 훌륭한 설명서다. 복잡한 아이디어를 명확하고 정확하게 전달하는 프롬프트의 뛰어난 능력은 AI 연구와 대중의 이해를 모두 발전시키고 있다.

필자는 메타버스 시대 인공지능 및 자연 언어 처리 분야에 깊이 관여한 사람으로서 인간과 컴퓨터의 상호 작용의 경계를 탐구하는 수많은 작업을 목격했다. 이 책은 우리 삶의 다양한 측면에 챗GPT의 변화적 영향을 포괄적으로 탐구하며 독자들이 실제 생활에 활용할 수 있는 다양한 이미지를 제공한다.

인공지능 시대 챗GPT를 활용한 새로운 경험을 하고자 하는 독자들에게 이 책을 추천한다. AI의 최전선을 탐구하고 우리 사회의 다양한 측면에 AI를 통합하고 정보에 입각한 결정을 내리려는 사람들이 꼭 알아야 할 필독서다.

이 책은 단순한 교육용 가이드가 아니다. 예술과 기술의 영역을 연결하는 다리이며, 모든 사람에게 예술가의 수준으로 새로운 차원의 창의성을 탐구할 수 있는 관문을 제공한다. 책을 통해 혁신적인 인공지능 시대에 한 발짝 앞으로 다가서길 바란다. 책과 함께 놀라운 AI 세계를 경험하길 바란다.

챗GPT가 작성해 준 머리말
허기도

목차

CHAPTER 4

빙 이미지 크리에이터(Bing Image Creator)로 인공지능 그림 그리기

CHAPTER 5

레오나르도(Leonardo)로 인공지능 그림 그리기

CHAPTER 6

플레이그라운드(Playground)로 인공지능 그림 그리기

CHAPTER 7

비 디스커버(B^ DISCOVER)로 인공지능 그림 그리기

1

챗GPT 시대

01. 인공지능의 이해

인공지능(AI, Artificial Intelligence)은 인간처럼 생각하고 행동하도록 프로그램된 컴퓨터 시스템 또는 기계를 의미한다.

이것은 인간의 지능을 시뮬레이션하고 수행할 수 있는 다양한 인식, 사고, 학습 활동 등을 컴퓨터가 할 수 있도록 하는 방법을 연구하는 분야로 컴퓨터를 사용하여 인간의 지능을 설계하는 기술이다. 따라서 AI는 학습, 추론, 문제 해결 인식 및 언어 이해와 같은 인간의 지능과 관계된 프로세스를 수행하는 것을 목표로 한다.

AI를 기계 지능이라고도 표현하는데 컴퓨터 시스템과 같은 기계를 통해 지능을 구현할 수 있는 기술을 연구하는 분야이기 때문이다. 여기에는 컴퓨터 시스템이 방대한 양의 데이터를 처리해서 인식하고 해석해서 나온 데이터에 의해 결정하고 변화하는 환경에 적응하는 알고리즘과 모델의 생성이 포함된다.

오늘날 이 용어의 표현은 다양하게 사용되는데 그중 공통적인 개념으로 통용되는 것은 인간의 지능 활동을 컴퓨터에 접목하는 기술이다. 이것은 기계가 인간의 언어를 인식하고 스스로 학습하고, 나아가서는 인간의 감정까지 이해하는 것을 말한다.

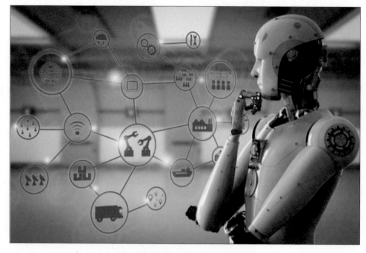

인간의 지능을 컴퓨터 시스템에 부여한 AI

4차 산업혁명 시대 AI는 미래 세계의 중심이라는 키워드로 부상하며 다양한 분야에서 혁신을 가져왔다. 컴퓨터공학, 사회과학, 인문학을 비롯한 다양한 학문 분야와 밀접한 관련을 맺으며, 현대 사회 대부분 분야와도 연관성을 가지고 있다.

제한된 영역 내에서 특정 작업을 수행하도록 설계된 음성과 이미지 기반 인식 시스템에 의한 추천 알고리즘이 있는가 하면, 지식을 이해하고 학습하고 적용할 수 있는 챗 GPT와 같은 인간 지능형 AI 시스템도 있다.

AI의 응용 분야는 광범위하다. 이 기술은 인공 신경망을 사용하여 대규모 데이터에서 복잡한 패턴을 분석하고 추출한다. 컴퓨터 시스템은 데이터로부터 학습하고 시간이 지남에 따라 성능을 업그레이드한다. 반복적인 작업을 자동화하고, 의사 결정 프로세스를 개선하고, 자율주행 차량을 활성화하고, 개인화된 권장 사항을 제공하고, 의료 진단을 지원하고 다양한 학문 분야 연구에 기여하고 있다.

미래형 자율주행 자동차

AI는 현대 생활에서 상당 부분 인간의 역할을 대신 담당하고 있지만 여전히 진화하는 분야다. 인간의 판단과 결정에 도움을 주기도 하고, 우주 탐사, 방사능 진단 등과 같은 일을 대역함으로써 인간이 위험에 노출되는 경우를 줄여 주기도 한다. 그렇지만 이것으로 파생되는 다양한 문제점도 심각하게 고민해야 할 것이다.

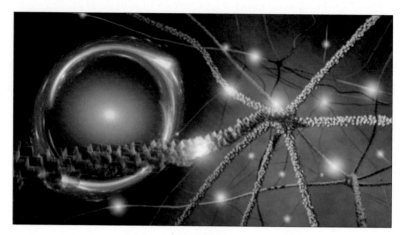

인공 신경망

KIPAC 과학자들은 중력 렌즈라고 불리는 시공간의 복잡한 왜곡을 분석하기 위해 인공 신경망을 사용했다. 이 방법은 기존의 분석 방법보다 1,000만 배 더 빠르다는 것을 입증했다.

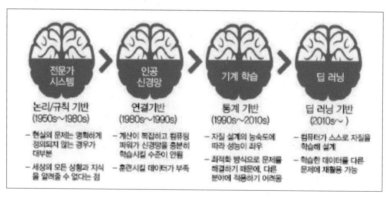

AI의 역사

AI 개념이 이 세상에 처음 등장한 것은 대략 70년 전이다. 이 용어를 처음으로 사용한 사람은 미국 컴퓨터 과학의 선구자이자 발명가인 존 매카시(John McCarthy, 1927~2011)다.

1956년 다트머스 대학(Dartmouth College)에서는 생물학자, 수학자, 심리학자 등 10명의 과학자가 모여 8주 동안 AI를 주제로 한 워크숍을 열었다. 존 매카시는 이 워크숍에서 〈지능이 있는 기계 만들기를 위한 과학과 공학〉이라는 논문에서 'AI'라는 용어를 최초로 언급하였다. 또한, 1962년에는 AI가 인간 지성을 가진 프로그램으로서의 실현 가능성을 돕도록 하기 위해 AI 프로그램 언어인 리스프(LISP, LISt Processor)를 고안하였다.

그는 2007년 스탠퍼드대학에서 발표한 〈What is Artificial Intelligence?〉에서 AI를 다음과 같이 정의했다.

"AI는 지능형 기계로 지능형 컴퓨터 프로그램을 만드는 과학과 공학이다.
인간의 지능을 이해하기 위해 컴퓨터를 사용하는 작업과 관련이 있지만,
생물학적으로 관찰 가능한 방법에 자신을 한정할 필요는 없다."

AI의 아버지 존 매카시

오늘날 치열한 경쟁 사회에서 AI에 대한 중요성이 커지면서 이에 대한 지식은 필수가되었다. 미국을 비롯한 세계 각 나라에서 AI의 중요성을 강조하고, 세계 굴지의 IT 기업들이 하루가 다르게 AI 분야에서 새로운 역사를 써 내려가고 있다. 챗GPT의 등장으로

지식보다 정보가 중요한 세상이 되었다. AI의 개념을 정확하게 인지하고 포괄적으로 이해함으로써 AI와 더불어 미래 세계를 설계할 수 있는 기틀을 마련해야 할 것이다

02. 챗GPT의 이해

AI라는 기술이 대중적으로 알려지기 시작한 것은 2016년 3월 구글 딥마인드 인공지능 알파고의 등장이다. 이후 전 세계적으로 AI에 관한 기대와 관심이 급증하였다. 세계 굴지의 기업들이 AI 연구에 막대한 투자를 하기 시작했다.

이후 6년이 지난 뒤 전기자동차 테슬라의 CEO로 잘 알려진 일론 머스크(Elon Musk)와 실리콘밸리의 유명 투자자 샘 올트먼(Sam Altman)을 포함한 7명의 창업자가 설립한 미국의 인공지능연구소 OpenAI에서 대화형 인공지능 챗GPT를 공개한다.

챗GPT의 등장은 21세기 최대의 혁명으로 새로운 시대를 예고했다. 사람과 대화를 나누는 자연스러운 언어 구사 능력과 전문적인 질문에 대한 대답을 단 몇 초 만에 생성해 내는 챗GPT에 전 세계가 열광했다.

이 AI 모델은 2020년 출시한 대형 언어 모델(LLM, Large Language Model) GPT-3을 업그레이드하여 내놓은 '맛보기' 버전에 가까웠고 대중의 피드백을 수집해서 언어 모델의 결함을 일부 해결하려는 시도에서 탄생했다.

그러나 프로토타입(prototype, 제품을 만드는 과정에서 시험용으로 미리 만들어 보는 것을 의미. 시제품)으로 출시된 챗GPT는 전 세계 사람들을 충격으로 몰아넣으며 AI의 혁명을 가져왔다. 세계 최대 팹리스(Fabless) 기업인 미국 NVIDIA의 CEO 젠슨 황(Jensen Huang)은 챗GPT의 발명을 다음과 같이 설명했다.

"우리는 AI의 아이폰 모멘트에 와 있다."

챗GPT를 탄생시킨 OpenAI(2015년 12월 설립)는 구글의 인공지능 독점을 반대하는 이념에서 만든 비영리 연구기관이었다. 구글과 같은 IT 기업이 AI를 독점하는 것을 막고 다양한 개발자와 연구원들이 AI를 발전시켜 인류에게 이익을 주어야 한다는 취지로 시작되었다.

챗GPT는 대중에게 소프트웨어를 공개하는 일명 '오픈베타' 테스트로 공개되었다. 대중의 피드백을 수집해서 언어 모델의 결함을 일부 해결하려는 시도에서 선보인 것이다.

그러나 예상과 달리 2022년 11월 30일 출시 5일 만에 100만 명의 사용자를 확보했다.

미국의 글로벌 1위 멀티미디어 넷플릭스가 3년 6개월 만에 100만 명의 사용자를 확보했다. 에어비앤비가 100만 명 돌파에 2년 6개월, 페이스북이 10개월, 인스타그램이 75일 걸렸다. 이처럼 다른 인기 있는 온라인 서비스들이 100만 명의 사용자를 확보하기 위해 걸린 시간과 비교하면 챗GPT는 매우 놀라운 속도다.

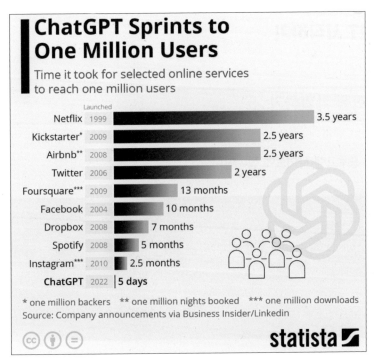

챗GPT 출시 5일 만에 100만 사용자 돌파

오늘날 챗GPT 기술에 사용된 딥러닝의 선구자로 10년 동안 구글에서 AI 핵심 기술을 개발하고 연구하였던 제프리 힌턴 교수는 챗GPT-4가 공개된 날 다음과 같은 말을 트위터에 남겼다.

Caterpillars extract nutrients which are then converted into butterflies. People have extracted billions of nuggets of understanding and GPT-4 is humanity's butterfly.

경희 애벌레는 영양분을 추출하여 나비로 전환합니다. 사람들은 수십억 개의 이해 덩어리를 추출했으며 GPT-4는 인류의 나비입니다.

지금 번역하기

03. 챗GPT 시작하기

3-1 회원 가입하기

1) 구글에서 프로그램 사이트에 접속한다.

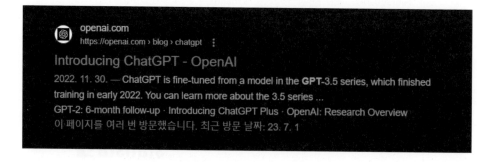

2) 챗GPT 화면에서 '가입하기' 버튼을 클릭하여 회원 가입을 진행한다. 회원 가입이 되어 있다면 'ChatGPT 시도'를 선택한다.

3) 구글, 마이크로소프트, 애플 계정 및 기타 이메일 주소로 회원 가입을 할 수 있다.

4) 입력한 이메일로 인증 메일이 전송되면 해당 이메일에서 'Verify email address'를 선택해서 인증을 완료한다.

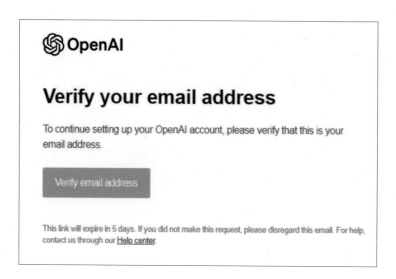

5) 이메일 인증 완료 후 챗GPT 화면에서 이름, 단체명(선택 사항), 생년월일 등의 정보를 입력한다. 스마트폰 번호 입력 후 인증코드 6자리를 입력하면 가입이 완료된다.

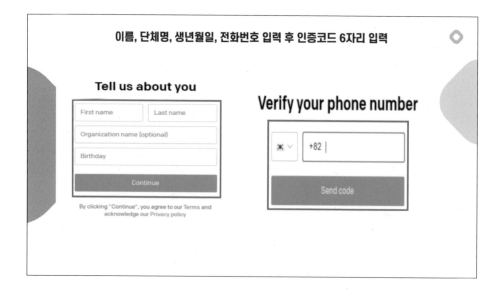

3-2 챗GPT 사용하기

1) 회원 가입 후 나타나는 화면이다. 화면에서 '채팅GPT' 탭을 클릭하면 챗GPT 대화형 화면 으로 이동한다.

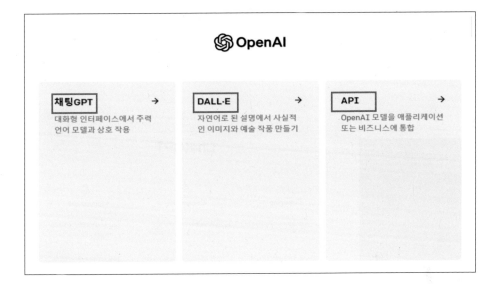

　'DALL-E'는 OpenAI에서 개발한 대규모 이미지 생성 모델이다. 사용자가 지정한 문장 또는 문구에 따라 이미지를 생성할 수 있다. DALL-E의 활용 사례는 이 책 제2장에서 자 세히 설명하도록 하겠다.

　'API'는 OpenAI에서 제공하는 인공지능 언어 모델인 GPT-3.5를 웹 애플리케이션, 모 바일 앱 등 외부 서비스와 통합하여 사용할 수 있도록 제공하는 API다. 이를 통해 다양 한 언어 처리 작업을 수행할 수 있다.

2) 챗GPT 대화형 메인 화면이다.

'Send a Message' 창에 명령어를 입력하면 답변을 생성한다. 기존 AI는 단순 정보 제공에 그치지만 챗GPT는 대화형 AI 챗봇으로 질문을 연결해서 완결 형태의 대화가 가능하다.

이를 통해 소설, 그림, 시, 음악, 영상, 게임, 코딩 같은 맞춤형 결과물도 산출하며, 그동안 인간만이 가졌다고 여긴 창의성까지 제공한다.

화면에서 +New Chat을 클릭하면 질문 창이 생성되고 명령어를 입력하면 결과물을 산출한다.

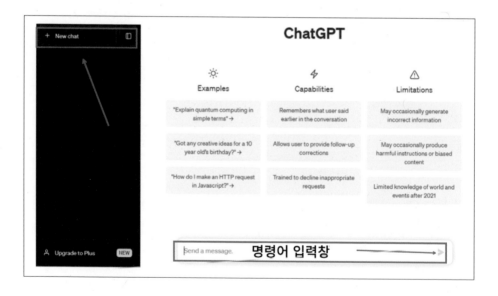

3) 질문한 대화 내용은 ❶과 같이 저장되고, 저장된 대화 내용은 언제든지 연결해서 추가로 질문할 수 있다.

　왼쪽 아래 '플러스로 업그레이드'를 선택하면 유료 회원 가입에 대한 안내가 나온다. 챗GPT는 현재(2023년 9월) 유료 회원과 무료 회원으로 이용할 수 있다. 챗GPT-3.5는 무료 버전이고 챗GPT-4.0은 유료 버전으로 한 달 $20에 이용할 수 있다.

　챗GPT의 기본 언어는 영어로 설정되어 있다. 오른쪽 마우스를 클릭하여 나온 항목 중 '한국어로 번역'을 선택하면 한국어 지원이 된다.

4) 챗GPT 질문 창에 명령어 입력하고 답변 생성하기

입력

챗GPT 3.5와 챗GPT 4의 차이점을 10가지로 비교해서 표로 만들어 주세요.

결과

챗GPT 3.5와 챗GPT 4 사이의 차이를 다음과 같은 10가지 측면으로 다루겠습니다. 하지만 2023년 7월 현재, GPT-4의 세부 사양이나 기능에 대한 정보는 지식이 부족하여, 아래의 글은 일반적으로 기대할 수 있는 향상된 기능과 특징을 기반으로 한 가정입니다.

구분하다	챗GPT 3.5	챗GPT 4
모델 사이즈	상대적으로 작은 크기의 모델	더 큰 사이즈의 모델
데이터량	GPT-3.5보다 적은 데이터	더 많은 데이터로 학습 가능
시간 시간	GPT-3.5보다 빠른 학습 속도	더 빠른 학습 속도
언어 이해력	고등학생의 언어 이해력	더 높은 수준의 언어 이해력
소형	지문과 문장 생성 능력이 점프남	더 집어넣기와 문장 생성 기능
오류 처리	일부 오류나 응답하는 문장 처리 능력	더 강화된 오류 처리 능력
최종 이해력	어떤 상황에서도 더 잘 이해함	

챗GPT는 영어를 기반으로 함으로 해석 부분이 자연스럽지는 못하지만 단 몇 초 만에 이러한 답변을 생성한다.

네이버 파파고 등의 번역 사이트나 챗GPT 확장 프로그램인 '프롬프트 지니'를 추가하면 자동 번역 기능을 사용하여 더욱더 정확한 결과물을 생성할 수 있다.

입력

챗GPT 3.5와 챗GPT 4의 차이점을 교육, 기술 지원, 보안 기능, 속도, 민감도, 언어 지원 등 8가지 범주 내에서 비교하고 표로 설명해 주세요.

결과

물론입니다. 챗GPT 3.5와 챗GPT 4를 교육, 기술 지원, 보안 기능, 속도, 반응성 등 8가지 범주로 비교한 것입니다.

구분하다	채팅GPT 3.5	채팅GPT 4
교육적인	유익하고 교육적인 답변 제공 가능	보다 상세하고 통찰력 있는 정보를 제공하는 향상된 기능
기술적 지원	기본적인 기술 쿼리를 처리할 수 있습니다.	복잡한 기술 지원 문의 처리 능력 향상
보안 기능	표준 보안 조치이지만 공격에 완전히 면역되지는 않음	잠재적인 위협에 대한 더 나은 보호를 위해 강화된 보안 기능
속도	합리적으로 빠른 응답 시간	더욱 빠른 응답 시간으로 사용자의 대기 시간 감소
민감도	대부분의 사용자 입력 및 쿼리에 응답	응답성 향상 및 쿼리를 잘못 해석하는 인스턴스 감소
맥락 이해	절절한 문맥 이해력	더 긴 컨텍스트를 유지하고 미묘한 입력을 더 잘 이해하는 능력 향상

다국어 지원	여러 언어를 지원하지만 숙련도는 다를 수 있습니다.	다국어 능력 향상
커스터마이징	특정 사용 사례에 대한 제한된 사용자 지정 옵션	맞춤형 애플리케이션을 위한 보다 광범위한 사용자 정의 기능

챗GPT 4에 대해 여기에 제공된 정보는 2021년 9월의 마지막 업데이트를 기준으로 추측에 불과합니다. 챗GPT 4의 실제 기능은 다르거나 이러한 가정을 넘어 확장될 수 있습니다.

명령어에 구체적인 항목을 추가해서 질문을 해 보았더니 위와 같은 답변을 생성한다.

입력

What is ChatGPT?

결과

ChatGPT is an AI-powered language model deceloped by OponAI. It is based on the GPT-3.5 architecture, which stands for "Generative Pre-trained Transformer 3.5." As an language model, ChatGPT is designed to understand and generate human-like text based on the input it receives.

The model is trained on a vast amount of text data, encompassing a wide range of topics and writing styles, to develop a deep understanding of language patterns and context. This extensive training allows ChatGPT to answer questions, engage in conversation, generate creative texts, and perform various natural language processing tasks.

ChatGPT can be integrated into different applications and services to provide natural language interaction assistance. Its capabilities are diverse, making it useful for tasks like drafting eamils, creating conversational agents, offering educational support, providing customer service, and more.

It's important to note that my knowiedge is based on the GPT-3.5 version, and there may have been further developments or iterations since my last update in September 2021.

영어로 명령어를 입력하면 더욱더 구체적인 답변을 생성한다.

2

달리2(DALL-E2)로
인공지능 그림 그리기

/

01. 달리2의 이해

챗GPT를 출시한 미국의 OpenAI에서 2022년 4월에 공개한 그림을 그려 주는 인공지능이다. 2021년 1월에 출시된 DALL-E의 후속으로 나온 모델로 딥러닝 방식으로 학습된 이미지 데이터를 기반으로 텍스트에 대응해 디지털 이미지를 생성한다.

'달리(Dall-E)'라는 이름은 미국의 영화사인 픽사 애니메이션 스튜디오의 애니메이션 로봇 〈월-E〉와 스페인의 초현실주의 화가 살바도르 달리의 이름에서 유래했다.

챗GPT를 기반으로 텍스트를 입력하면 이미지로 전환하는 딥러닝으로 학습된 달리의 출시는 미술, 패션, 건축, 마케팅에 이르는 전 업계에 혁신을 가져왔다. 2023년 현재 Bing의 AI 이미지 크리에이터에 달리의 프로그램이 사용되고 있다.

현재 150만 명 이상이 사용하고 있으며, 10만 명 이상의 사용자가 Discord 커뮤니티에서 본인의 창작물과 피드백을 공유하고 있다.

02. 달리2로 인공지능 그림 그리기

회원 가입과 요금제

■ 회원 가입

1) 구글에서 프로그램 사이트에 접속한다.

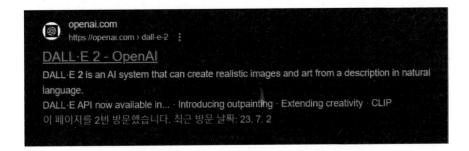

2) 화면에서 '가입하기' 버튼을 클릭하여 회원 가입을 진행한다. 챗GPT 계정이 있으면 자동
   으로 연결된다. 새로 가입할 때에는 구글, 마이크로소프트, 애플 계정 등을 연동하여 회원
   가입을 할 수 있으며, 입력한 이메일로 인증 메일이 전송된다.

■ 요금제

달리2 이미지 생성에는 크레딧이 필요하다. 최초 회원 가입 시 50크레딧이 제공되며, 이미지 생성 및 수정 1회에 1크레딧이 소모된다. 매달 15크레딧이 무료로 적립되며 무료 크레딧은 이월되지 않는다.

1) 크레딧 구매

메인 화면 오른쪽 이름 옆의 점 3개를 선택해서 크레딧을 구매할 수 있다. 115크레딧에 $15다. 크레딧 구매 금액을 선택하고 결제 수단 정보를 입력 후 '추가'를 선택하면 크레딧 구매가 완료된다.

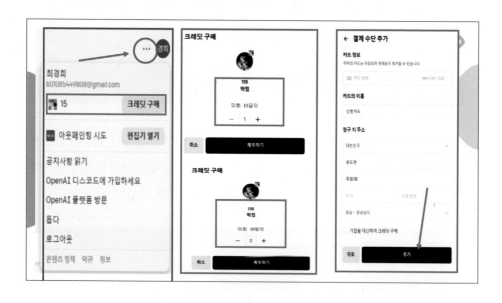

3-2 메인 화면 구성

1) ❶에서 'DALL·E'를 클릭하면 메인 화면이다.

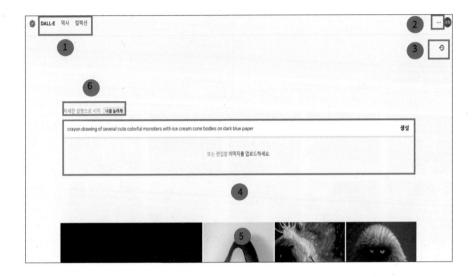

2) ❶에서 '역사'를 클릭하면 본인의 갤러리 화면이다. '모든 세대'와 '즐겨찾기' 공간에 저장된
그림을 볼 수 있다.

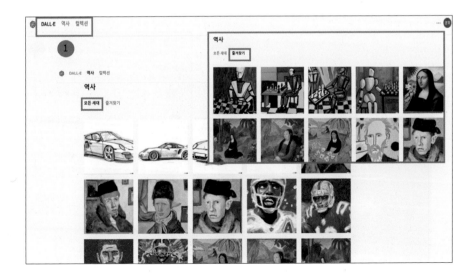

3) ❶에서 '컬렉션'을 클릭하면 본인의 컬렉션 화면이다. '컬렉션 만들기'를 통해서 공개, 비공
   개 등의 컬렉션 공간을 만들어 생성된 그림을 저장할 수 있다.

4) ❷에서 '점 3개'를 클릭하면 크레딧 구매, 로그아웃, 편집기 등을 이용할 수 있는 메뉴가 나
   온다.

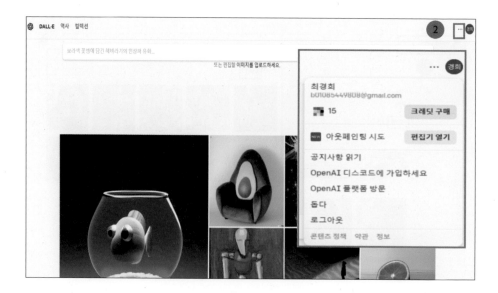

5) ❸을 클릭하면 본인이 생성한 이미지 전체를 볼 수 있다.

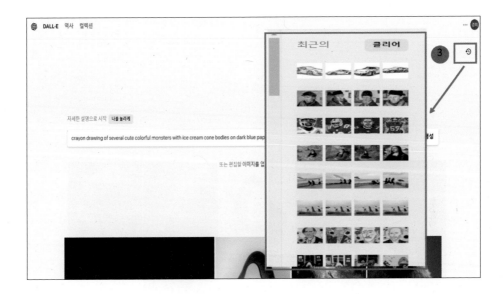

6) ❹는 텍스트 명령어 또는 이미지를 활용해서 새로운 이미지를 생성하는 기능이다.

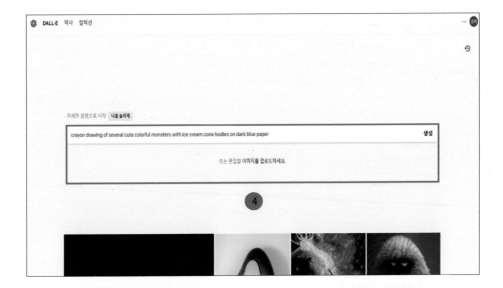

7) ❺는 달리2에서 기본적으로 제공하는 명령어 템플릿이다. 이미지를 하나 클릭하여 변형된 이미지를 생성한다.

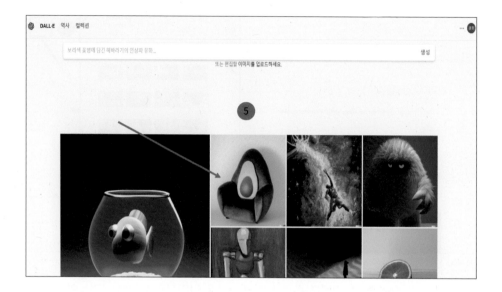

8) ❻의 '나를 놀라게'를 클릭하면 이미지를 만들기 위해 필요한 텍스트 명령어를 자동으로 생성한다.

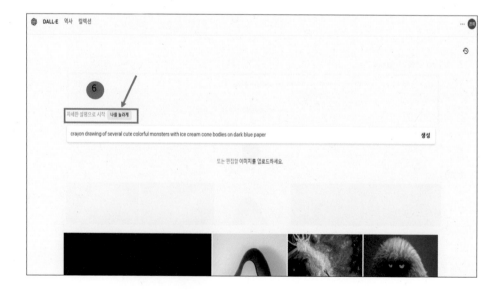

3-3　주요 기능과 편집 기능

■ 주요 기능

1) 명령어를 텍스트로 입력하면 자동으로 이미지를 생성한다. 메인 화면 프롬프트 입력 창에 영어로 명령어를 입력하고 '생성'을 선택하면 1분 안에 4장의 이미지를 생성한다.

2) 이미지를 입력하면 변형된 이미지를 생성한다. 메인 화면 이미지 업로드를 선택해서 이미지를 업로드하면 변형된 4장의 이미지를 생성한다.

3) 메인 화면에서 기본으로 제공하는 이미지를 선택하면 변형된 새로운 이미지를 생성한다.

기본 제공 이미지 원본에 대해 4장의 새로운 이미지가 생성되었다.

4) 이미지를 편집해 준다. 생성된 이미지의 특정 부분을 삭제하고 새로운 명령어를 입력하면 삭제된 부분에 새로운 명령어를 반영한 그림을 생성한다.

■ 편집 기능

1) 생성한 그림 중에서 편집하고자 하는 특정 부분을 선택한다. 화면에서 점 3개를 클릭하고
메뉴 중에서 '이미지 편집'을 선택한다.

2) 편집 화면으로 이동한다.

❶은 새로운 이미지를 생성할 프레임을 만들어 준다.

❷를 클릭하고 화면의 이미지에 마우스를 가져다 놓으면 화면의 이미지를 자유롭게
움직일 수 있다.

❸은 지우개다. ❸을 클릭하고 마우스를 이용하여 이미지에서 삭제하고 싶은 부분을
삭제한다. 오른쪽 옆 화면의 지우개 바를 클릭하여 지우개의 방향을 아래, 위로 움직
이면 크게 지울 수도 있고 세밀하게 지울 수도 있다.

❹는 생성 프레임 추가 기능이다. 프레임을 추가에서 추가 된 프레임에 명령어를 사용
하여 새로운 이미지를 추가할 수 있다.

❺는 이미지 업로드 기능이다. 새로운 이미지를 업로드해서 편집할 수 있다.

오른쪽 아래 +, - 기능을 활용해 이미지를 편집하기 좋은 크기로 변경할 수 있다.

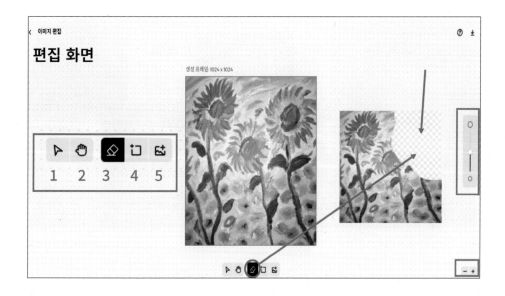

3) 명령어를 입력하여 이미지에서 삭제한 부분에 새로운 이미지를 생성한다.

4) 프레임을 추가해서 새로운 이미지를 생성한다.

5) 원본 이미지 한 장으로 배경 바꾸기와 이미지 추가 등으로 새로운 이미지를 생성한다.

3-4 인공지능 그림 그리기

1) 챗GPT에서 명령어를 산출해서 이미지 생성하기

입력

당신은 그림책 작가입니다. 5~7세 유치원 어린이들의 그림책 표지를 디자인해 주세요.

결과

저는 텍스트 기반의 AI 모델이기 때문에 그림을 직접 그리거나 디자인을 생성하는 능력은 없습니다. 그러나 저는 텍스트를 기반으로 창의적인 아이디어를 제공해 드릴 수 있습니다.

5~7세 유치원 어린이들을 위한 그림책 표지를 디자인하는 경우, 밝고 생동감 있는 색상과 단순하면서도 재미있는 그림들을 활용하는 것이 좋습니다. 어린이들의 시선을 끌고 호기심을 자극할 수 있는 디자인을 고려해 보세요. 아래는 몇 가지 아이디어를 제시해 드릴 테니 참고해 보시기 바랍니다:

1. 주인공 캐릭터: 어린이들이 이해하기 쉬운 귀여운 동물이나 판타지 캐릭터를 그림으로 표현해 주세요. 예를 들어, 웃는 얼굴과 큰 눈을 가진 곰이나 토끼, 용같은 판타지 동물 등입니다.
2. 활발한 배경: 밝고 활기찬 배경을 그려 주세요. 푸른 하늘, 풀밭, 꽃이 피어나는 정원 등 어린이들이 즐거움과 탐험을 떠올릴 수 있는 장면들을 생생하게 그려 넣을 수 있습니다.
3. 타이틀 디자인: 크고 다양한 색상과 재미있는 폰트를 사용하여 그림책의 제목을 표현해 보세요. 폰트에는 어린이들이 읽기 쉬운 형태의 폰트를 선택하고, 글자들 사이에 색상이나 그림이 적절히 배치되도록 합니다.
4. 웃음과 재미: 어린이들을 웃게 할 수 있는 요소나 재미있는 상황을 그림으로 담아 보세요. 예를 들어, 귀여운 동물들이 모험을 떠나거나 말장난, 은근한 유머를 담은 그림 등입니다.

이러한 아이디어들을 바탕으로 그림책 표지를 디자인할 때, 어린이들의 시선을 끌고 호기심을 자극할 수 있는 작품을 만들어 보세요. 그림책 표지는 어린이들에게 이 책이 재미있을 것이라는 인상을 심어줄 수 있는 중요한 역할을 합니다.

당신은 그림책 작가입니다. 5~7세 유치원 어린이들의 그림책 표지를 디자인해 주세요.

2) 텍스트 창에 명령어를 입력하여 이미지 생성하기

영국 런던의 비 오는 거리. 코트를 입은 한 명의 노신사가 차들이 오가는 거리를 바쁘게 걸어간다.

모나리자를 고갱 풍으로 그려 주세요.

결과

In Gauguin's style, the Mona Lisa might be depicted with vibrant and contrasting colors, inspired by his time in Tahiti and the South Pacific. The background could feature lush　생성

3) 메인 화면에서 제공하는 이미지 명령어를 사용해서 이미지 생성하기

Ⅰ. 메인 화면에서 제공하는 이미지 중에서 하나를 클릭해서 새로운 이미지를 생성한다.

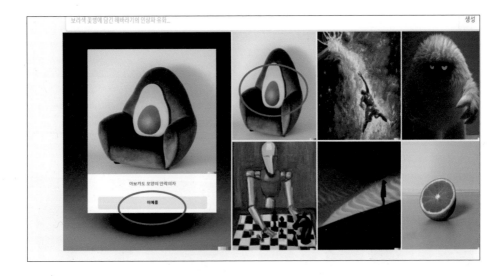

메인 화면의 이미지가 변형되어 4장의 새로운 이미지를 생성한다.

Ⅱ. 생성된 이미지에 명령어를 추가해서 새로운 이미지를 생성한다.

입력

고흐가 아보카도 의자에 앉아 그림을 그리고 있다. 밤하늘에 별이 빛난다. 창밖으로 아를의 거리 풍경이 보인다.

결과

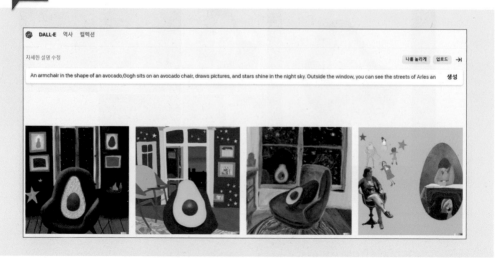

(4) 기존 이미지를 편집하여 새로운 이미지 생성하기

Ⅰ. 기존 이미지의 배경 및 특정 부분을 삭제하고 새로운 이미지를 추가할 수 있다.

Ⅱ. 이미지에서 한 사람을 삭제하고 삭제한 부분에 명령어를 사용하여 고래를 생성했다.

3

미드저니(Midjourney)로
인공지능 그림 그리기

01. 미드저니의 이해

미드저니는 립모션의 창립자이며 나사(NASA) 출신 연구원 데이비드 홀츠(David Holz)가 주도하는 미드저니 AI 연구실에서 2022년 7월 베타 버전(V3)을 공개했다. 같은 해 11월 알파 버전(V4)을 공개했다.

이 프로그램은 GAN(Generative Adversarial Network)이라는 딥러닝 알고리즘을 기반으로 한 인공지능 모델이다. GAN 알고리즘은 서로 경쟁하는 두 개의 모델을 학습시켜서 실제 같은 가짜 이미지를 생성한다. 이 알고리즘을 사용하면 학습된 인공지능 모델 중에서도 최고 수준의 그림을 그려 주어 예술가들뿐만 아니라 일반인 이용자에게도 인기가 높다.

사용자가 텍스트를 제시하면, 딥러닝 방식으로 학습된 다량의 이미지 데이터를 바탕으로 제시된 텍스트에 대응하는 디지털 이미지를 생성한다.

2023년 7월에는 국내 오픈마켓 11번가도 프로모션 디자인에 미드저니가 생성한 이미지를 도입했다.

02. 미드저니로 인공지능 그림 그리기

회원 가입과 요금제

■ 회원 가입

1) 구글에서 프로그램 사이트에 접속한다.

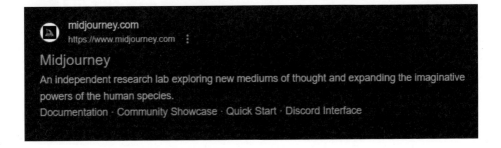

2) 화면에서 '로그인' 버튼을 클릭하여 회원 가입을 진행한다.

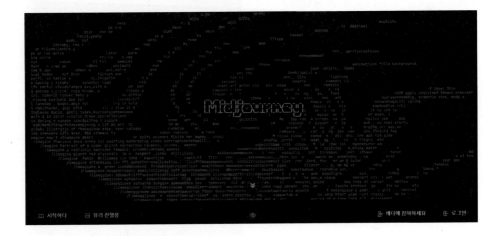

3) 미드저니를 이용하기 위해서는 디스코드(DISCORD) 커뮤니티(채팅방)를 통해서 사용할 수 있다. 화면 아래 '가입하기' 버튼을 클릭한다. 디스코드 아이디가 있는 이용자는 바로 로그인한다.

4) 이메일, 사용자 명, 비밀번호 등을 입력하고 '계속하기' 버튼을 클릭한다.

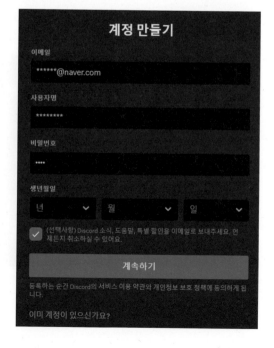

5) 가입 완료하면 '미드저니 봇'과 연결하는 창이 뜬다. 화면 아래쪽 '승인' 버튼을 클릭한다.

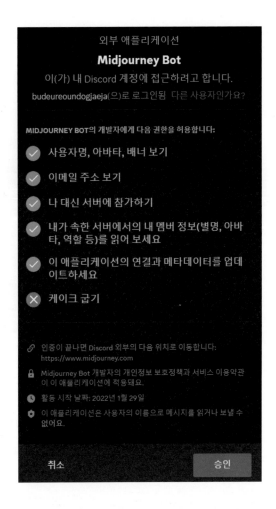

6) '초대 수락하기' 버튼을 클릭한다.

7) 화살표로 표시된 곳을 체크하고 이메일 인증 후 회원 가입이 완료된다.

■ 요금제

미드저니는 이미지 생성 AI 프로그램 중에서 최고 수준의 이미지를 생성하며, 이용자의 만족도 또한 상당히 높다. 무료로는 사용할 수 없고 유료 계정으로 서비스를 이용할 수 있다.

1) 1년 단위 결제 시 한 달 이용 금액과 혜택이다.

2) 월 단위로 결제 시 1개월 이용 금액이다. 연 단위 결제 시와 월 단위 결제 시 금액에 차이가 있다.

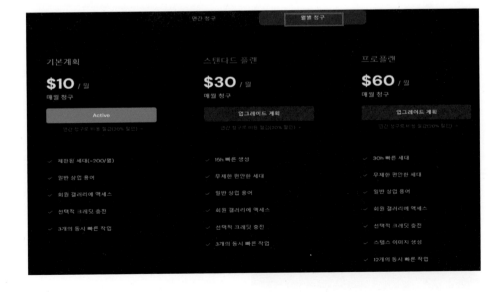

3) 메인 화면에서 '하위 관리(Manage Sub)'를 클릭하면 구독 화면으로 이동한다. 요금제 유형을 선택한다.

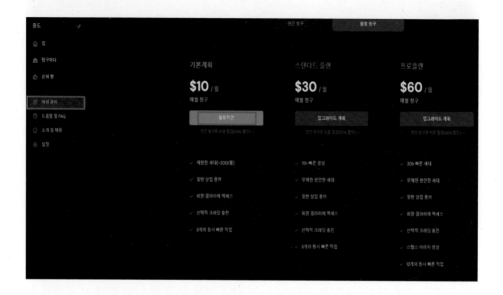

4) 이메일 주소, 결제 방식(카드, 현금), 카드 정보 등을 입력한다.

5) 구독이 완료되었다는 창이 뜨면 유료 회원 등록 절차가 완료된다.

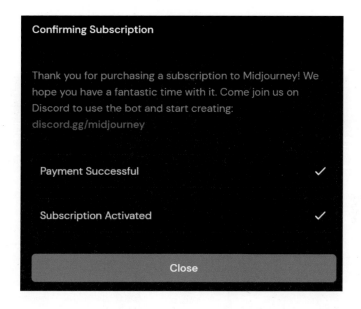

6) 구독 취소 시에는 개인 사용자 화면의 왼쪽 사이드바 메뉴 Manage Sub 클릭 후 Sup-
Billing & Invoice Details 버튼을 클릭하여 나오는 화면에서 '플랜 취소'를 선택한다.
요금제를 업그레이드 하려면 'Buy more Fast hours'를 클릭해서 원하는 요금제를 선택
한다.

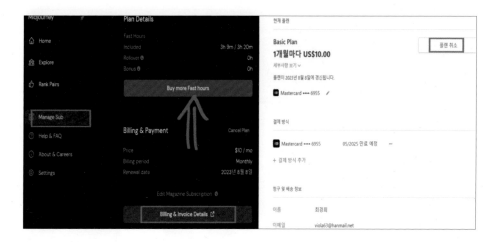

2-2   메인 화면 구성

1) ❶에서 'Home(집)'을 클릭하면 메인 화면이다.

2) ❶에서 'Explore(탐구하다)'를 클릭하면 커뮤니티 피드 화면이다. 이용자들의 인기 있는
작품이나 실시간으로 생성되는 작품을 볼 수 있는 공간이다.

3) ❶에서 'Rank Pairs(순위 쌍)'을 클릭하면 다른 이용자들이 생성한 이미지를 평가하는
   화면이다.

제시된 두 개의 이미지 중에서 하나를 골라 평가하면 매일 선착순 2,000명의 평가자에
게 1시간의 무료 Fast GPU(이미지를 빠르게 생성) 시간을 준다. 최고 많은 평가를 한 이
용자에게는 다양한 혜택이 주어진다. 무료로 받은 Fast GPU 시간은 30일 동안 유효하다.

4) ❶에서 'Manage Sub(하위 관리)'를 클릭하면 요금제 화면이다. 요금제는 연 단위 결제와 월 단위 결제로 구분된다.

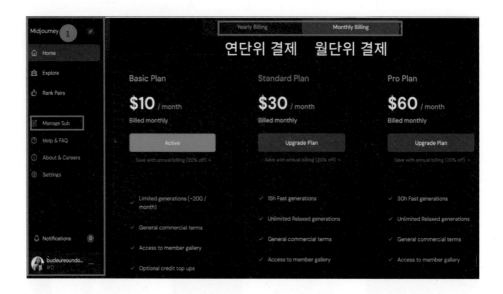

5) ❶에서 'Help & FAQ(도움말)'을 클릭하면 사용 방법에 대한 안내 화면이다.

6) ❶에서 'About & Careers(소개 및 채용)'을 클릭하면 미드저니 기업에 대한 설명을 제
공하는 화면이다.

7) ❶에서 'Settings(설정)'을 클릭하면 메인 화면 작품 배열을 설정하는 화면이다.

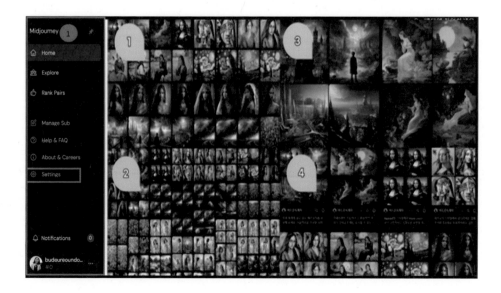

8) ❷번을 클릭하면 본인이 생성한 작품들을 여러 조건에 따라 바탕 화면에 정렬한다(인기, 신규 생성, 즐겨찾기 등).

9) ❸을 클릭하면 바탕 화면에 생성된 작품의 배열과 이모티콘 지원에 관한 기능이다.

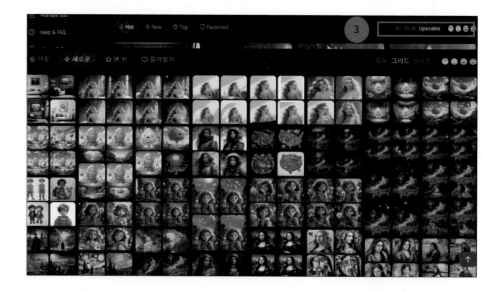

10) ❹에서 'Rate jobs(작업 평가)'를 클릭하면 이용자가 만든 작품의 순위를 매길 수 있는
    화면이다.

'Archive(보관소)'를 클릭하면 본인이 생성한 작품의 갤러리 화면이다. 점 3개를 클릭
하면 '방문자로 보기'와 바탕 화면에 본인이 생성한 작품의 배열 설정에 관한 기능을 지
원한다.

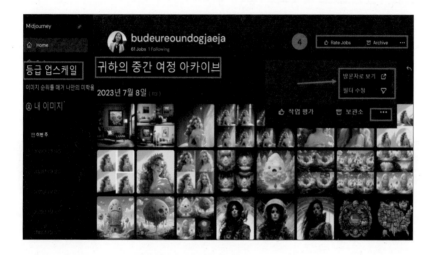

11) 메인 화면 오른쪽 아래 점 3개를 클릭하면 이미지 생성을 위한 디스코드 커뮤니티 화면으
    로 이동한다. 미드저니의 이미지 생성은 디스코드 커뮤니티 화면에서 서비스된다.

■ 디스코드 메인 화면 구성

1) 디스코드 메인 화면이다.

❶ 디스코드 서버에 추가된 프로그램을 볼 수 있다.

❷ 미드저니 공식 서버에서 제공하는 이미지를 생성하기 위한 채널이다. 이 채널 중 #newbia, #general로 시작되는 공간 중 한 곳을 클릭해서 입장하고 이미지를 생성한다.

❸ 명령어 창에 텍스트를 입력하면 이미지를 생성하는 공간이다.

❹ 명령어를 입력하는 공간이다.

❺ 실시간 미드저니를 이용하고 있는 사용자 목록이다.

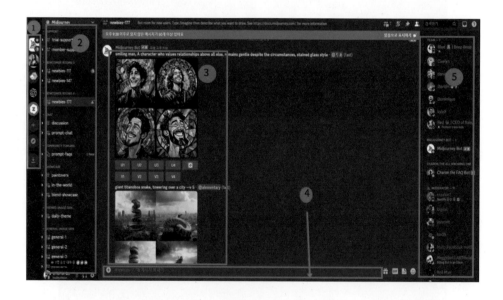

2) 위 그림 ❶번에 미드저니 서버를 추가해 보자.

위 그림 ❶번 아래 항목 중 +을 클릭한다. 아래 화면에서 ❷번 '서버 참가하기'를 클릭한다. 초대 링크 창에 http://discord.gg/midjourney를 붙여 넣거나 입력한다.

서버에 가입하거나 서버를 생성하려면 ➕ 왼쪽 사이드바의 서버 목록 하단에 있는 을 누릅니다. 버튼을 누르고 http://discord.gg/midjourney를 **Join a Server** 붙여넣거나 입력하세요.

Discord 서버에 대해 자세히 알아보세요.

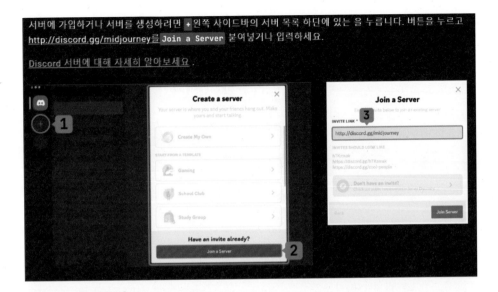

3) 디스코드에 미드저니 서버를 추가하면 왼쪽 사이드바에 미드저니 아이콘이 생성된다.

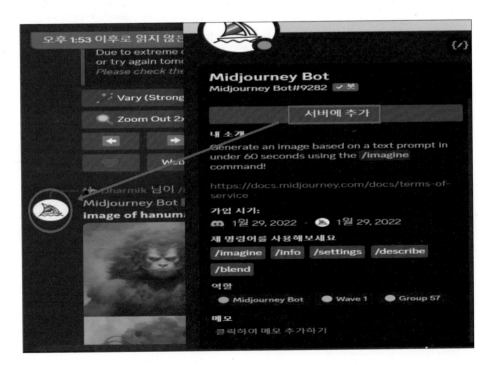

4) 디스코드에 미드저니 서버를 추가했으면 미드저니 공식 서버 채널에서 newbia, general 로 시작하는 여러 개의 채팅방 중 하나를 선택해서 입장한다.

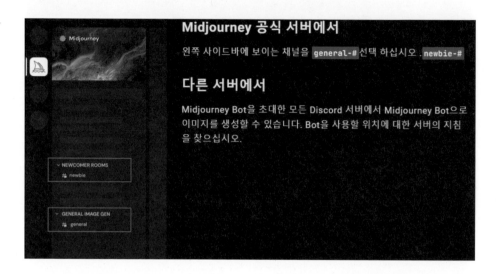

5) 서버 찾기 화면으로 이동한다. 디스코드 커뮤니티의 다양한 서버를 확인할 수 있다.

6) ❶번을 선택하면 알림 설정, 프로필 편집, 서버 나가기 등의 다양한 기능을 제공한다.
❷번을 선택하면 디스코드 프로그램 다운로드에 대한 정보를 제공한다.

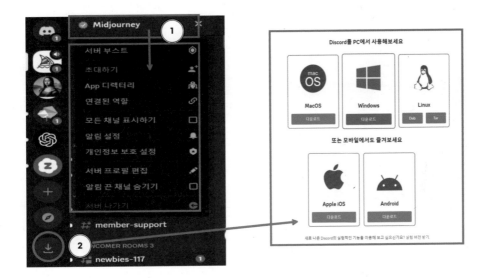

■ 디스코드 서버에 개인 채팅방 만들기

미드저니는 전 세계 이용자가 사용함으로 다른 사용자와 함께 있는 채팅방에서 이미지를 생성하면 실시간으로 계속해서 생성되는 수많은 이미지로 인해 내 이미지 생성 장면을 찾기가 어려울 때가 있다. 이런 경우 지인과 함께 또는 혼자만의 개인 채팅방을 만들어서 관리할 수 있다.

1) 디스코드의 미드저니 채널에서 왼쪽 사이드바 하단의 + 버튼을 클릭한다.

2) 서버 만들기에서 '직접 만들기'를 클릭한다.

3) '나와 친구를 위한 서버'를 클릭한다.

4) '서버 커스터마이징하기'에서 서버에 사용할 이름과 사진 또는 아이콘을 업로드하고 본인만의 개인 채팅방을 만든다.

5) 개인 채팅방을 만들어서 본인만의 채팅방으로 사용하며 이미지를 생성할 수 있다.

❶은 다른 사람과 함께 이미지를 생성하는 단체 채팅방이다. 실시간으로 다른 이용자와 본인이 생성한 이미지가 업로드된다. ❷는 개인 채팅방이다. 이곳에서는 본인이 생성한 이미지만 볼 수 있다. 왼쪽 서버 바에 개인 채팅방이 추가된 것을 확인할 수 있다.

2-3   **주요 기능과 편집 기능**

■ 주요 기능

1) 명령어를 텍스트로 입력하면 자동으로 이미지를 생성한다.

개인 채팅방 또는 디스코드 메인 화면 #newbia, #general 채팅방으로 입장한다. ❶번 명령어 입력창에 키보드 자판의 /(슬래시)를 입력한 후 엔터키를 치면 ❷번의 항목이 나온다.

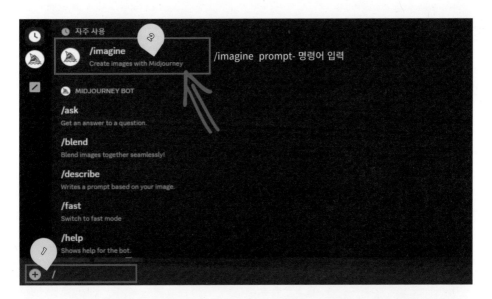

❷번을 클릭하면 나오는 '/imagine, prompt' 뒤에 명령어를 입력하고 엔터키를 친다.

> ※ TIP
> 미드저니는 생성하고 싶은 이미지에 대한 명령어를 짧고, 간단한 문장으로 입력하여
> 야 최고 수준의 이미지를 생성한다.

2) 텍스트 창의 명령어 마지막에 v4, v5, v5.1, v5.2 등 미드저니 프로그램 버전을 추가해서
   이미지를 생성할 수 있다.

3) 명령어를 입력하고 1분이 지나면 4장의 이미지를 생성한다. 화살표로 표시된 부분은 이미
   지가 생성되는 진행 속도를 나타낸다.

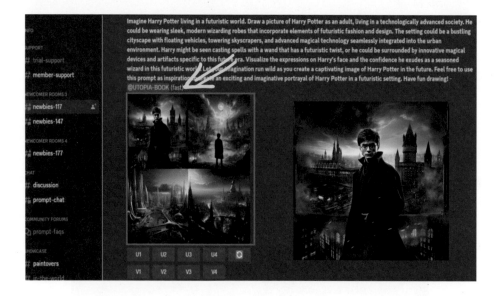

4) 이미지 프롬프트를 지원한다.

❶ 프롬프트에 이미지를 추가하려면 온라인으로 저장된 이미지 주소를 입력하거나 '붙여넣기' 한다.

❷ 이미지 주소는 png, gif, jpg와 같은 확장자로 끝나야 한다.

❸ 이미지 주소를 추가한 후 명령어를 추가하면 새로운 이미지를 생성한다. 이미지 프롬프트는 텍스트 프롬프트 앞에 놓여야 한다.

❹ '1개의 이미지와 명령어' 또는 '2개의 이미지'가 있어야 새로운 이미지를 생성한다.

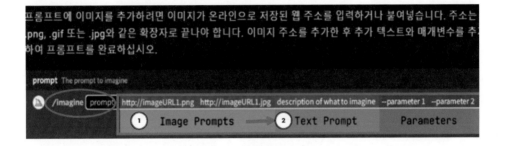

5) 1개의 이미지와 명령어로 새로운 이미지를 생성한다.

❶ 프롬프트 창의 + 버튼을 선택해서 '파일 업로드'를 선택한다(+ 버튼에 마우스를 가져다 놓고 더블클릭해도 이미지가 업로드 된다). 이미지는 온라인으로 저장된 이미지의 웹 주소나 이미지 파일을 직접 가져온다.

이미지 업로드 후 Enter 해서 이미지를 디스코드에 업로드 한다.

❷ 프롬프트 창에 화면의 업로드한 이미지를 드래그하여 이미지의 URL을 추가하거나 마우스 오른쪽 버튼을 클릭하고 링크를 붙여 넣는다.

❸ 이미지 URL 뒤에 명령어를 입력하고, --ar16:9(이미지 크기) 입력 후 Enter.

❹ 이미지와 명령어를 추가해서 새로운 이미지가 생성되었다.

6) 두 개의 이미지로 한 개의 새로운 이미지를 생성한다.

Ⅰ. 다른 사용자의 이미지를 사용하여 새로운 이미지를 생성한다.

❶ 다른 사용자가 생성한 이미지를 사용해서 ❷의 새로운 이미지를 생성할 수 있다.

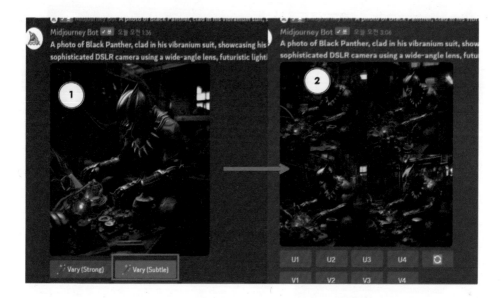

7) 미드저니 메인 화면에서 다른 사용자가 생성한 명령어를 복사해서 새로운 이미지를 생성 한다.

❶ 다른 이용자가 생성한 이미지 하나를 클릭한다.

❷ 이미지 명령어를 복사한다.

❸ 디스코드 화면의 명령어 창에 복사한 명령어를 붙여넣기 한다.

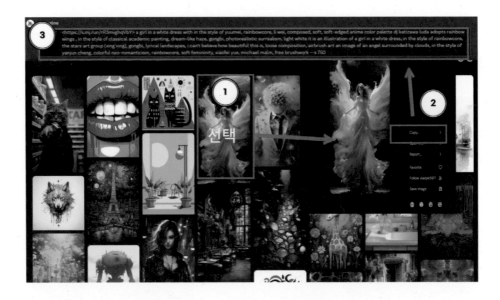

Ⅰ. 다른 사용자의 명령어를 복사해서 새로운 이미지를 생성한다.

■ 편집 기능

1) 초기 이미지 생성(4장)이 완료되면 두 개의 버튼 행이 이미지 아래에 나타난다.

❶ U1 U2 U3 U4에서 U 뒤의 숫자는 사진의 번호를 의미한다. U 버튼은 선택한 이미지를 확대해서 생성하고 세부 정보를 추가하여 이미지를 업스케일링 한다.

❷ V1 V2 V3 V4에서 V 뒤의 숫자는 사진의 번호를 의미한다. V 버튼은 선택한 이미지를 조금 변형해서 다시 생성한다.

❸ U 버튼의 뒷부분에 있는 '🔄(다시 굴림)'을 클릭하면 이미지 전체를 새롭게 생성한다.

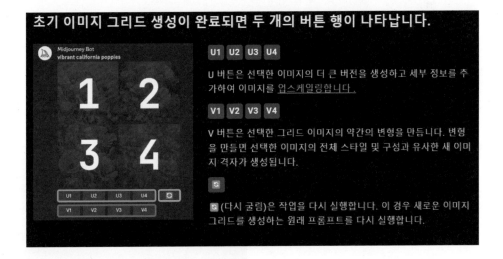

2) 생성된 이미지 중에서 U1~U4 중 하나를 클릭하면 이미지를 확대해서 새롭게 생성한다. 새롭게 생성된 이미지 아래에는 편집 기능 옵션이 나타난다.

❶ Vary(Strong)와 Vary(Subtle)는 확대된 이미지를 변형해서 4장의 이미지를 새롭게 생성한다.

❷ Zoom Out 2X, Zoom Out 1.5X는 이미지의 내용은 변하지 않고 크기에 변화를 주어서 새롭게 생성한다.

❸ Custom Zoom을 사용하면 이미지를 축소할 정도를 선택할 수 있다. Custom Zoom

의 확대된 이미지 아래에 있는 버튼을 클릭하면 이미지에 대한 사용자 정의 값을 입력하는 대화 상자가 나타난다. -zoom, --zoom 1-2 사이의 값을 허용한다.

3) 화살표 방향은 이미지가 이동하는 방향을 나타낸다. 좌우, 위아래, 버튼을 클릭하여 이미지를 이동하여 생성한다.

4) ←·→·↑·↓화살표 버튼을 선택하면 원본 이미지의 내용은 변하지 않고 선택한 방향으로 이미
지의 캔버스를 확장한다. 확장된 캔버스의 이미지는 원본 이미지와 새로운 명령어를 추가
하여 생성한다.

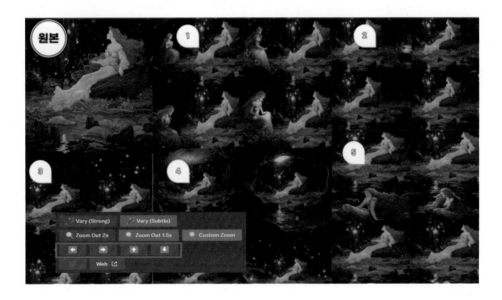

5) 이미지를 한 번 패닝(회전)한 후에는 해당 이미지를 같은 방향(수평/수직)으로만 다시
패닝할 수 있다. 원하는 만큼 해당 방향으로 계속 패닝할 수 있다.

6) 'Web ↗'을 클릭하면 선택한 이미지가 미드저니 메인 화면의 본인 갤러리에 저장된다. ♥
   는 최고의 이미지에 태그를 지정하여 미드저니 메인 화면의 '즐겨찾기' 공간에 저장된다.

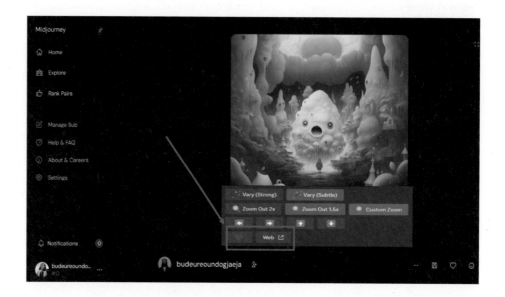

2-4 인공지능 그림 그리기

1) 텍스트 창에 명령어를 입력하여 이미지 생성하기

입력

인도의 왕녀를 그려 주세요.

결과

입력

미래 도시에 있는 해리포터를 그려 주세요.

결과

레오나르드 다 빈치의 모나리자를 반 고흐의 화풍으로 그려 주세요.

2) 이미지 명령어를 사용해서 새로운 이미지 생성하기

3) 다른 사용자의 명령어를 사용해서 이미지 생성하기

입력

우주, 여전사, 우주 비행, 우주복, 씩씩한 표정, 긴 머리, 얼굴에 타투.

결과

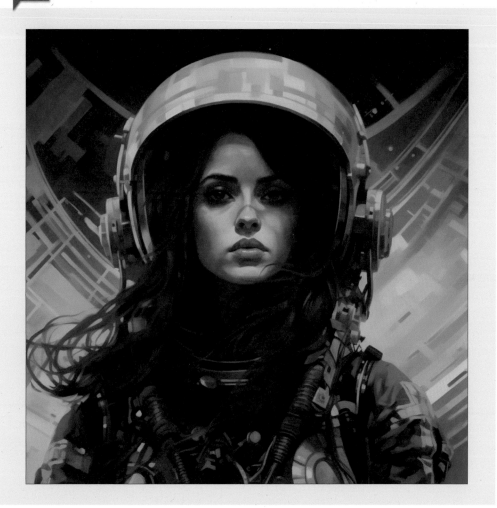

4

빙 이미지 크리에이터(Bing Image Creator)로 인공지능 그림 그리기

01. 빙 이미지 크리에이터의 이해

빙 이미지 크리에이터는 마이크로소프트 검색 엔진인 '빙'에서 제공하는 이미지 기반 AI 프로그램이다. 2023년 오픈AI의 DALL-E를 도입하여 빙 이미지 크리에이터 서비스를 제공하고 있다.

Windows 10 및 Windows 11, 스마트폰의 '빙' 앱에서 마이크로소프트 계정이 있는 사용자는 누구나 사용할 수 있다.

빙 사용자는 (명령어를 입력하면) 원하는 이미지를 AI가 무료로 생성한다. 이미지 생성기를 사용하여 Microsoft Edge의 사이드바에서 DALL-E가 AI 이미지를 생성한다.

이미지 생성 프롬프트는 명령어가 많고 세부적으로 서술했을 때 가장 잘 작동한다. 사용자는 창의력을 발휘해서 명사 및 형용사의 사용, 위치, 디지털적인 부분과 사실적인 부분에 대한 묘사 등 세부 사항을 추가하여 명령어를 입력한다.

빙 이미지 크리에이터는 프로그램 사용을 무료로 제공하기 때문에 다른 프로그램에 비해서 강력한 장점을 가지고 있다.

02. 빙 이미지 크리에이터로 인공지능 그림 그리기

> ### 2-1   회원 가입과 요금제

■ 회원 가입

1) 구글에서 프로그램 사이트에 접속한다.

2) 화면에서 '가입 및 만들기'를 클릭하여 회원 가입을 진행한다.

3) 마이크로소프트에 가입된 메일 계정을 적고, 암호를 입력하고, 보안 정보(이메일, 전화번호)를 확인한다.

4) 본인 여부 확인에서 빨간색 네모 상자 부분을 클릭하고, 본인의 전화번호 마지막 4자리 숫자 입력, 스마트폰으로 발송된 인증번호(7자리 숫자)를 적고 확인을 클릭하면 회원 가입이 완료된다.

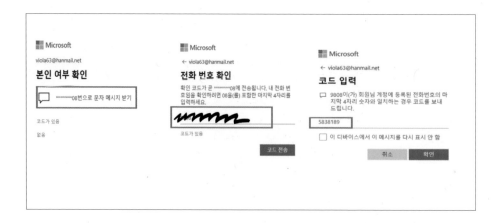

5) 스마트폰의 빙 앱 설치 및 암호 연결에 관한 질문에 답변하고 다음을 클릭한다.

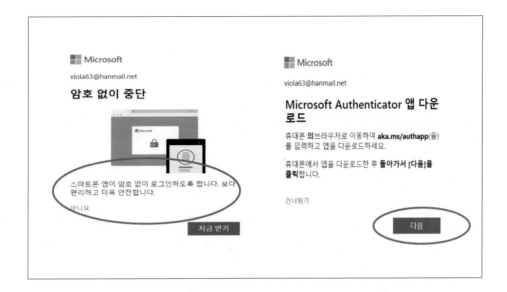

■ 요금제

빙 이미지 크리에이터 AI 서비스는 무료다. 부스트를 사용하여 이미지를 생성할 수 있는데, 최초 회원 가입 시 100 부스트를 제공한다. 매달 25개의 부스트를 무료로 제공하며 이미지 생성 1회에 1 부스트가 차감된다.

마이크로소프트 리워드(Reward: 성과에 대한 보상) 제도를 도입하여 Bing 내에서 다양한 활동을 하면 부스트를 포인트 형식으로 제공한다.

2-2 메인 화면 구성

1) 빙 이미지 크리에이터의 메인 화면이다.

❶은 명령어 입력 창이다.

❷ '아이디어 탐색'은 '빙'에서 제공하는 이미지 프롬프트다. 하나를 클릭하여 명령어를 복
  사해서 새로운 이미지를 생성한다.

❷ '창작물'은 '빙'에서 본인이 제작한 이미지를 볼 수 있는 갤러리 공간이다.

❸에서 숫자는 본인이 소유한 포인트. 숫자 옆의 아이콘은 마이크로소프트 리워드 제도로 '빙'에서 다양한 활동을 하면 포인트를 준다. 명령어 입력 창 옆의 번개 모양 숫자는 부스트. 이미지 생성 1회에 1 부스트가 차감된다. 줄 3개는 설정, 본인 컬렉션 등의 옵션을 볼 수 있다.

❹ '무작위 보기'는 다른 사용자들의 명령어를 랜덤으로 볼 수 있다. 이 기능을 사용하여 새로운 이미지를 생성할 수 있다.

2-3 주요 기능과 편집 기능

■ 주요 기능

1) 명령어를 텍스트로 입력하면 자동으로 이미지를 생성한다.

메인 화면 프롬프트 입력 창에 명령어를 입력하고 '만들기'를 선택하면 1분 안에 4장의 이미지를 생성한다.

2) '무작위 보기' 버튼을 클릭하면 4장의 이미지를 생성한다.

3) 생성된 이미지는 공유, 저장할 수 있다. '의견'을 선택하면 '제안, 좋아요, 싫어요'의 이미지 피드백에 관해 의견을 제출할 수 있다.

4) 메인 화면에서 기본으로 제공하는 이미지를 클릭하여 명령어를 추가해서 새로운 이미지를 생성한다.

Ⅰ. 원본 이미지에 4장의 새로운 이미지를 생성한다.

5) 메인 화면에서 오른쪽 윗줄 3개를 클릭하고 '컬렉션'으로 이동하면 본인이 생성한 이미지
   와 다른 사용자가 생성한 이미지를 저장한 공간이다. '새 컬렉션 만들기'를 통해 본인이 만
   든 컬렉션 공간을 볼 수 있다.

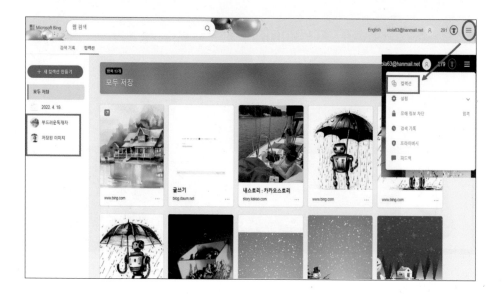

6) '새 컬렉션 만들기'를 클릭하면 본인의 새로운 공간을 만들 수 있다.

❶ '새 컬렉션 만들기'를 클릭한다.

❷ 컬렉션 명을 적고 만들기를 클릭한다.

❸ 새로운 컬렉션이 생성되었다. 이미지 생성을 위해 '아이디어 탐색'을 클릭한다.

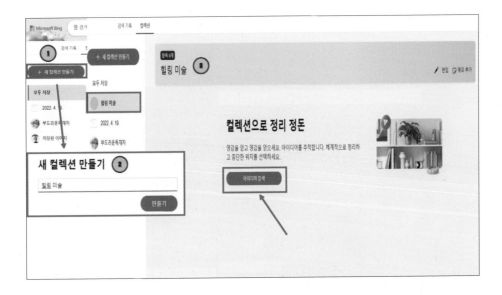

Ⅰ. '아이디어 탐색'을 클릭하면 아래 화면으로 이동한다.

음성 검색, 이미지 검색 기능을 사용하여 원하는 이미지를 검색할 수 있다. 화면에서 이미지를 하나 선택해서 드래그하거나 이미지 URL을 붙여넣기, 사진 찍기 등을 사용하여 이미지를 검색할 수 있다.

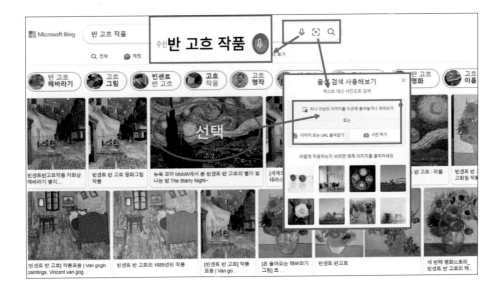

Ⅱ. Ⅰ에서 선택한 이미지에 대한 다양한 옵션을 제공한다. 이미지가 있는 페이지를 보여 준다. 관련 콘테츠를 보여 준다.

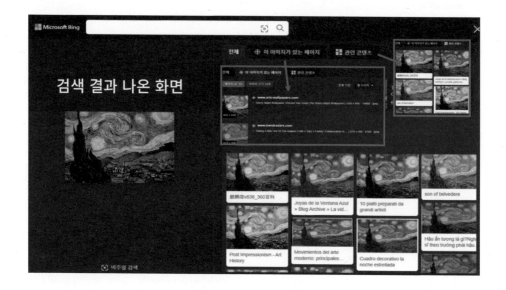

7) 생성한 이미지는 링크 복사 기능을 사용하여 공유할 수 있다.

■ 편집 기능

1) '빙'에서 생성한 이미지는 '마이크로 소프트 디자이너' 프로그램에서 다양하게 편집할 수
   있다.

2) 마이크로소프트 디자이너 AI 사이트에서는 새로운 명령어를 입력해서 이미지를 생성할 수 있고, 이미지를 추가할 수 있다.

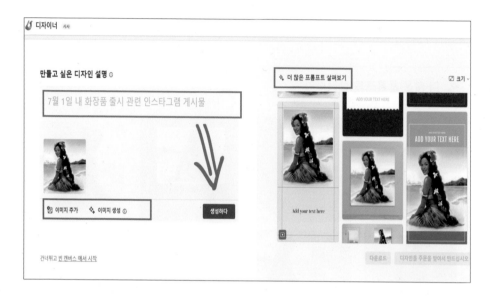

3) 이미지에 텍스트를 추가하고 외부에 공유할 수 있다.

인공지능 그림 그리기

1) 텍스트 창에 명령어를 입력하여 이미지 생성하기

입력

미녀와 야수가 등장하는 무도회 디지털 아트

결과

2) 메인 화면에서 제공하는 이미지에 명령어를 추가해서 이미지 생성하기

입력

체크무늬 담요에 샌드위치, 과일, 치즈, 와인이 담긴 피크닉 바구니, 반 고흐 스타일

결과

3) 메인 화면 '무작위 보기' 기능에서 제공한 명령어로 이미지 생성하기

입력

분홍색 바탕에 귀여운 시바 이누 우주비행사가 행복한 표정으로 롤리팝을 먹고 있다. 디지털 아트

결과

4) '빙'에서 제공하는 아이디어 탐색 기능을 사용하여 이미지 생성하기

입력

눈사람과 소녀, 추운 겨울 눈 내리는 날, 동지 페스티벌, 웹툰 스타일

결과

5

레오나르도(Leonardo)로
인공지능 그림 그리기

01. 레오나르도의 이해

미드저니와 유사한 AI 이미지 생성 프로그램이다. 콘텐츠 제작의 모든 단계에서 세부적인 제어에 중점을 두고 있다. AI가 인간의 창의적 잠재력을 대체하는 것이 아니라 향상하도록 돕는다. 즉 모든 생성 단계에서 세부적인 제어를 제공함으로써 창작자를 창의적 프로세스의 중심에 둔다.

미드저니와의 큰 차이점은 본인이 원하는 이미지를 데이터로 학습시켜서 나만의 맞춤형 AI 이미지를 생성할 수 있다는 것이다.

사용자 친화적인 플랫폼을 통해 크리에이터에게 권한을 부여하는 AI 기반 콘텐츠 제작 프로그램으로 예술가, 디자이너, 기업이 잠재적인 창의력을 최대한 발휘할 수 있도록 설계되었다. 또한, 초보자도 쉽게 사용할 수 있도록 Prompt Generation, Canvas Tool 등의 다양한 이미지 생성 기능을 제공한다.

1인 게임 개발자, 웹툰 작가와 같은 전문 업종 사용자에게 인기가 많은 프로그램이다.

02. 레오나르도로 인공지능 그림 그리기

2-1 회원 가입과 요금제

■ 회원 가입

1) 구글에서 프로그램 사이트에 접속한다.

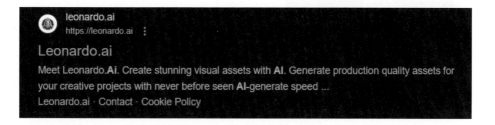

2) 화면에서 '앱 실행' 버튼을 클릭하여 회원 가입을 진행한다.

3) 앱 실행 후 나타나는 화면에서 ❶~❸까지의 순서대로 진행한다.

4) '시작하다' 화면에서 ❶에 사용자 명을 적는다(4~15자리의 영문, 숫자, 밑줄 사용 가능). ❷번 항목에서 관심사를 하나 선택한다. ❸번 항목 체크 후 '다음'을 클릭한 후 본인을 잘 설명하는 역할을 하나 선택한다.

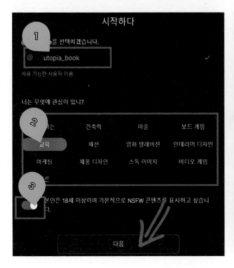

5) 레오나르도 AI에 대한 다섯 가지 가이드를 제공한다. 모두 읽고 '다음'을 클릭하면 회원 가
입이 완료된다.

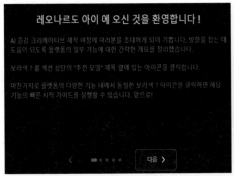 

■ **요금제**

레오나르도 AI는 이미지 생성을 위해서 토큰이 필요하다. 매일 150개의 토큰이 무료로
제공되며, 이미지 생성 1회당 10 토큰이 사용된다.

요금제는 토큰의 수량에 따라 아래와 같이 유료 요금제($10, $24, $48)로 운영된다.

2-2 메인 화면 구성

1) 레오나르드 AI 메인 화면이다.

마우스 오른쪽 클릭 후 나오는 항목 중에서 '한국어로 번역'을 클릭하면 화면처럼 한국어로 이용할 수 있다. ❶에서 '집'을 클릭하면 메인 화면을 보여 준다.

2) ❶ 항목 중 '커뮤니티 피드'는 다른 사용자가 생성한 이미지를 보여 준다. 오른쪽 −, + 버튼을 움직여서 화면 이미지 정렬을 다양하게 구성할 수 있다.

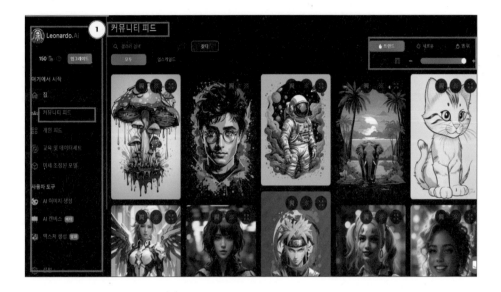

3) ❶ 항목 중 '개인 피드'는 본인이 생성한 이미지를 모아 놓은 갤러리다. 나를 '팔로워' 하는 사용자의 피드와 좋아하는 피드를 따로 모아 볼 수 있다.

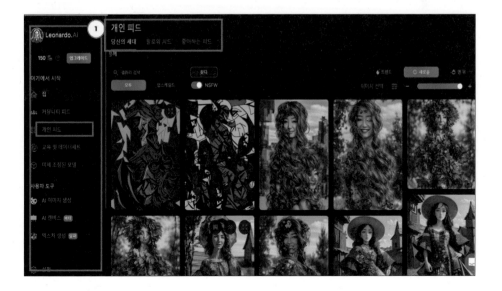

4) ❶ 항목 중 '교육 및 데이터 세트'는 원하는 이미지를 데이터로 학습시켜서 나만의 맞춤형 AI 이미지를 생성한다.

5) ❶ 항목 중 '미세 조정된 모델'은 레오나르도 AI에서 기본적으로 제공되는 모델과 다른 사용자들이 생성한 모델을 이용해서 본인의 이미지를 생성한다.

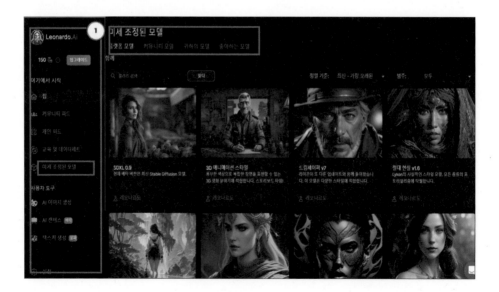

6) ❶ 항목 중 'AI 이미지 생성'은 이미지 생성 화면으로 명령어를 텍스트로 입력해서 새로운 이미지를 생성한다.

7) ❶ 항목 중 'AI 캔버스'는 이미지 결합, 생성된 이미지 배경 추가 및 삭제 등의 다양한 편집 기능이다.

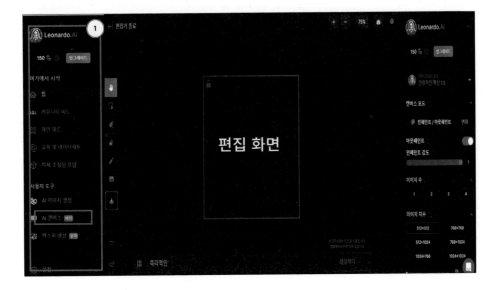

8) ❶ 항목 중 '텍스처 생성'은 3D 모델(OBJ)을 업로드하여 전체 텍스처를 렌더링하고, 명령 어를 입력하면 3D 모델에 이미지가 투영된다.

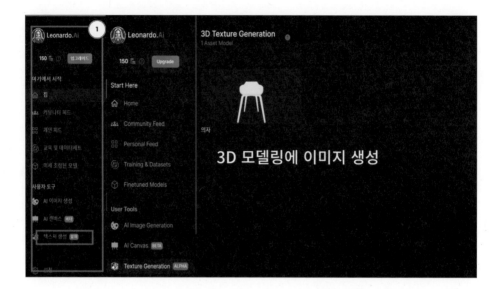

9) 설정은 사용자의 프로필과 관심 분야 등에 관한 부분을 설정하는 화면이다. 언제든지 변 경할 수 있다.

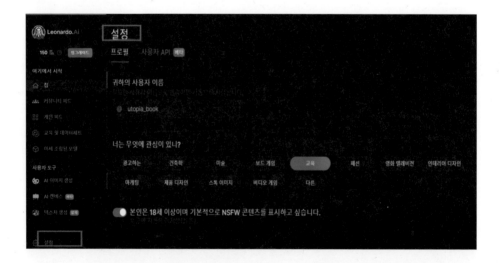

10) ❶ 항목 중 '업그레이드'는 상세 요금 페이지로 이동한다. 업그레이드 앞의 숫자 150은
현재 사용할 수 있는 토큰의 개수다.

11) ❷의 '주요 모델'은 레오나르도 AI에서 기본적으로 제공하는 이미지 모델이다. 템플릿을
클릭하여 유사한 유형의 이미지를 생성할 수 있다.

12) '최근 작품'은 레오나르도 AI에서 최근에 생성한 다른 사용자들의 이미지를 볼 수 있다.
+, – 버튼을 선택해서 화면 타일을 크게 작게 등으로 정렬할 수 있다.

2-3   주요 기능과 편집 기능

■ 주요 기능

1) 명령어를 텍스트로 입력하면 자동으로 이미지를 생성한다.

생성 이미지 수, 이미지 크기, 이미지 스타일, 명령어 강도, 이미지 타일링 등의 다양한
옵션을 선택하고 텍스트 창에 명령어를 입력하면 새로운 이미지를 생성한다.

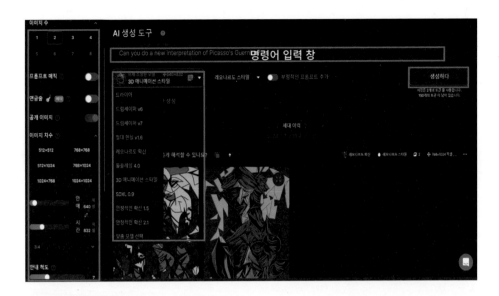

I. 명령어를 입력하고 생성하기 버튼을 클릭한다.

2) 이미지를 입력하면 변형된 새로운 이미지를 생성한다.

3) '커뮤니티 피드'에서 다른 사용자가 만든 이미지 명령어를 복사해서 사용하면 새로운 이미지를 생성한다. 이미지를 클릭하면 명령어를 볼 수 있다. '프롬프트 복사'를 클릭하여 명령어를 복사해서 새로운 이미지를 생성한다.

Ⅰ. '이미지2이미지'는 프롬프트가 AI 생성 도구로 복사되어 비슷한 이미지의 변형을 만들어 준다.

'리믹스' 버튼을 선택하면 해당 명령어가 그대로 복사되어 이미지 생성을 리믹스할 수 있다.

Ⅱ. '리믹스' 버튼을 클릭하면 나오는 이미지 생성 화면이다. 명령어가 복사되어 텍스트 창에 자동 입력된다. '생성하다' 버튼을 클릭하면 새로운 이미지를 생성한다.

Ⅲ. 리믹스 기능을 이용하여 다른 사용자의 명령어로 생성된 새로운 이미지다.

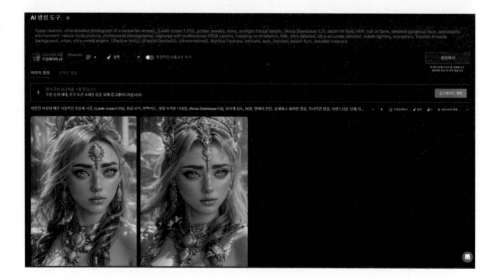

4) '교육 및 데이터 세트'의 기능을 사용하여 나만의 맞춤형 AI 이미지를 생성한다.

원하는 이미지를 텍스트 및 그림 등의 데이터로 계속해서 학습시켜 이미지를 생성하는 기능이다.

❶ 교육 및 데이터 세트를 클릭한다.

❷ 본인이 학습시켜 만들고자 하는 콘텐츠 명과 설명을 입력하고 공간을 만든다.

❸ 저장된 파일이나 레오나르도 AI의 검색을 통해 학습시키고자 하는 이미지 파일을 업로드한다.

❹ 학습시키고자 만든 공간에 파일이 업로드된다.

Ⅰ. 화면에서 ❶번 '새 데이터 세트'를 클릭하여 데이터 학습 공간을 추가로 만들 수 있다. 필자는 '아름다운 꽃', '아름다운 건축물' 두 개의 공간을 만들었다.

Ⅱ. 학습시키고자 하는 공간에 마우스를 가져다 놓으면 ❶번 화면과 같이 '데이터 세트 수정'과 '기차 모델'이란 항목이 나타난다.

'데이터 세트 수정'을 클릭하면 학습시키고자 하는 방에 이미지를 추가, 삭제할 수 있다.

'기차 모델'을 클릭하면 ❷번 화면으로 이동한다. 인스턴트 프롬프트 창에 학습시키고자 하는 명령어를 단어(2~3개)로 입력(예시: 아름다운, 꽃)하고 '교육 시작'을 클릭한다. ❸에서는 학습이 진행 중인 상황을 알려 준다.

III. 학습 과정이 종료되면 회원 가입 시 입력한 메일로 교육 완료 메일이 오고 '교육 및 데이터 세트' 화면에서 작업 수행이 완료된 것을 확인할 수 있다.

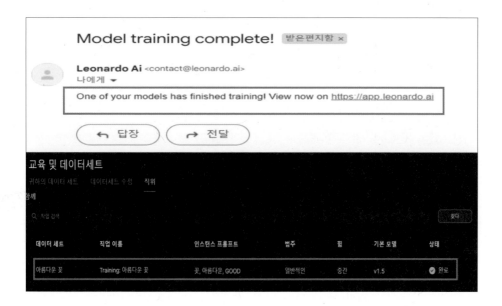

IV. 학습 후 생성된 이미지다. 추가로 명령어를 입력해서 본인이 원하는 스타일의 이미지를 생성한다.

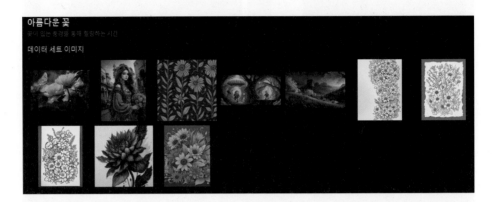

5) '미세 조정된 모델' 기능을 사용하여 레오나르도 AI에서 기본적으로 제공하는 모델, 다른 사용자들이 생성한 모델, 본인이 생성한 모델을 기반으로 변형된 이미지를 생성한다.

Ⅰ. '미세 조정된 모델' 화면에서 작업을 하고자 하는 이미지를 클릭하여 수행한다.

❶ '미세 조정된 모델'을 클릭하여 나온 화면에서 하나의 이미지를 선택한다.

❷ 에서 '이 모델로 생성'을 클릭하면 변형된 새로운 이미지를 생성한다.

6) 3D 모델에 이미지를 생성한다.

'텍스처 생성' 기능을 사용하면 3D 모델에 이미지를 그려 넣을 수 있다.

❶ '새 개체 업로드'를 클릭한다.

❷ PC에 저장된 3D 모델(OBJ)을 업로드하고 '텍스처링 시작'을 클릭한다.

❸ 명령어를 입력하면 3D 모델에 이미지를 자동으로 생성한다.

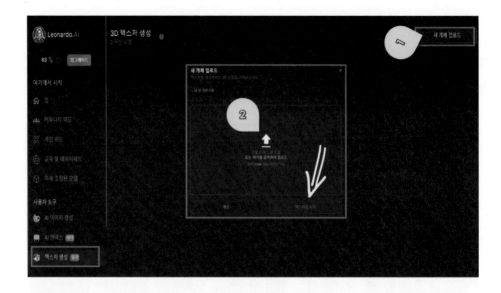

| . 업로드 파일은 OBJ 형식의 파일로 20MB 이하 용량이어야 한다. 파일 업로드 후 '내 새 개체 이름'에 이미지에 맞는 이름을 설정하고 '텍스처링 시작'을 클릭한다.

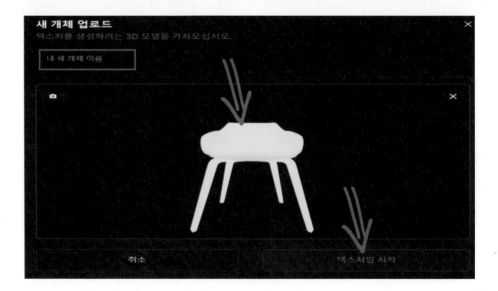

Ⅱ. 명령어 입력 창에 3D 이미지에 추가할 명령어를 입력한다. 부정적인 프롬프트에는 3D 이미지에 들어가지 말아야 하는 내용의 명령어를 입력하고 '전체 텍스처 생성'을 클릭한다. 텍스처 생성에는 10분가량의 시간이 소요된다.

Ⅲ. 3D 모델에 이미지가 투영되어 생성된 결과물이다.

Ⅳ. 3D 모델에 명령어를 입력하면 텍스트가 반영된 이미지를 생성한다.

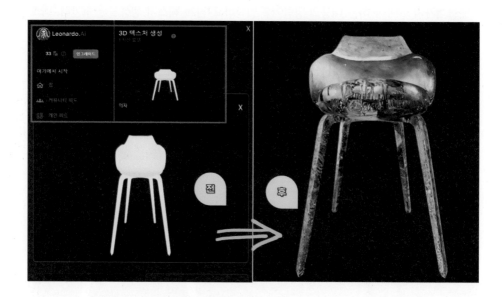

7) 생성된 이미지를 다양하게 편집할 수 있다.

(그림 A)

❶은 생성된 이미지 확대 및 확대 해제 기능이다.

❷는 이미지 투 이미지 기능으로 이 기능을 사용하면 원본에서 변형된 비슷한 이미지를 생성한다.

(그림 B)

❶은 이미지 삭제 기능이다.

❷는 이미지 다운로드 기능이다.

❸은 이미지를 클립보드에 복사할 수 있는 기능이다.

❹는 이미지 확대 및 해제 기능으로 무료 회원은 이 기능 사용 시 5개의 토큰이 소모된다.

❺는 이미지 배경 제거 기능이다. (유료 회원 혜택)

❻은 GPU 등 고급 옵션 기능이다. (유료 회원 혜택).

❼은 일러스트, 애니메이션 및 만화 같은 이미지의 질감을 생성해 주는 기능이다. (유료 회원 혜택)

❽은 사진, 디지털 아트, 3D 렌더링을 포함한 텍스처 디테일 기능이다. (유료 회원 혜택)

■ 편집 기능

1) 생성한 그림은 'AI 캔버스' 기능을 사용하여 편집할 수 있다.

❶에서 사진 아이콘을 선택해서 편집할 이미지를 업로드한다.

❷는 편집할 이미지에서 삭제, 수정하고자 하는 명령어를 입력한다.

❸은 새롭게 생성될 이미지 개수, 크기, 렌더링 밀도 등의 옵션을 설정한다.

❶번 박스 안의 다양한 편집 도구(브러시, 펜, 지우개 등)를 사용하여 이미지를 편집한다.

2) AI 캔버스 화면 왼쪽 편집 도구 메뉴를 선택해서 삭제할 배경을 지정한다.

3) 새롭게 생성된 이미지 화면에서 배경이 수정된 것을 확인할 수 있다.

2-4 인공지능 그림 그리기

1) 텍스트 창에 명령어를 입력하여 이미지 생성하기

입력

클림트의 작품 '키스'를 반 고흐의 화풍으로 그려 주세요.

결과

피카소의 게르니카를 현대적으로 그려 주세요.

2) 다른 사용자의 이미지 명령어를 사용하여 이미지 생성하기

입력

그래픽 디자인 티셔츠, 플랫 디자인, 해리포터, 런던 스트리트, 다채로운 톤, 매우 깨끗한, 벡터 이미지, 전문 사진, 연기 폭발, 단순한 배경, 평평한 검은 배경, 반짝이는 벡터 (검은 배경)

결과

3) 레오나르도 AI에서 제공하는 템플릿으로 이미지 생성하기

입력

중세 시대에 공주들은 종종 결혼하여 왕국 간의 정치적 통합과 권력을 강화했습니다. 공주는 종종 다른 왕국의 왕자나 왕족과 결혼하여 왕국 간의 동맹을 형성하거나 전략적 이익을 증진했습니다.

결과

4) 3D 모델(흰색 의자)에 이미지 생성하기

입력

빨간색 사과

결과

6

플레이그라운드(Playground)로
인공지능 그림 그리기

01. 플레이그라운드의 이해

플레이그라운드 AI는 인공지능 이미지 생성 프로그램 중 가장 많은 이미지를 무료로 생성할 수 있다. 이 프로그램은 화가가 그린 것 같은 이미지의 그림으로 유명한데 하루에 1,000장까지 이미지를 무료로 생성할 수 있다. 또한, 무료로 생성한 이미지를 상업적으로 사용할 수 있다.

플레이그라운드 AI는 스테이블 디퓨전 엔진 기반의 AI 도구다. 무료로 제공하는 이미지 수가 많으므로 스테이블 디퓨전 모델을 선호하는 이용자들에게 연습하기 좋은 프로그램이다.

텍스트 기반 이미지 생성 외에도 편집 기능까지 제공하고 있어 국내 이용자들에게 인기가 많다.

미드저니 AI, 레오나르도 AI와도 유사점이 많은 프로그램으로 무료 이용자들에게 가장 인기가 많다.

02. 플레이그라운드로 인공지능 그림 그리기

2-1 회원 가입과 요금제

■ 회원 가입

1) 구글에서 프로그램 사이트에 접속한다.

2) 화면에서 화살표로 표시된 곳을 클릭하여 회원 가입을 진행한다.

3) 구글 계정과 연동해서 간단하게 회원 가입을 할 수 있다.

■ 요금제

플레이그라운드에서는 매일 1,000장의 이미지를 무료로 생성할 수 있다. 그러나 무료 회원은 50장의 이미지 생성 후에는 이미지의 해상도와 퀄리티에 제한이 있다.

이 프로그램에서는 플레이그라운드 AI 도구를 비롯해 스테이블 디퓨전, 달리2 모델도 사용할 수 있다. 무료 이용 회원은 다양한 엔진을 무료로 이용할 수 있으나 달리2 엔진 사용 시에는 한 달에 $10의 이용 요금 결제 후 사용할 수 있다.

유료 회원은 한 달에 $15다. 달리2 프로그램 이용은 한 달에 $10이다.

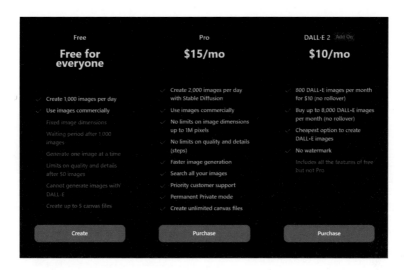

메인 화면 구성

1) 로그인 후 나오는 첫 화면으로 커뮤니티 피드를 보여 준다.

❶은 동물, 패션, 푸드, 풍경 등 주제별로 나누어서 이미지를 모아 놓은 갤러리다.

2) 로그인 후 나오는 커뮤니티 화면에서 플레이그라운드 마크(왼쪽 상단 윗부분)를 클릭하면
   ❶의 다양한 옵션이 나온다.

이미지 생성 화면, 본인 갤러리 화면, 커뮤니티 피드 화면, 요금제 안내 화면 등으로 이
동할 수 있다.

❷에서 'Rate Images'는 다른 이용자들이 생성한 이미지에 대한 평가 화면이다. 평가
를 통해 플레이그라운드에서의 경험을 향상한다.

3-❷에서 'Create' 오른쪽의 '∧'를 클릭하면 'One a Board(이미지 생성)'와 'New
   Cavans File(이미지 편집)' 기능을 이용할 수 있다.

❸에서 'My Feed'를 클릭하면 내가 팔로워 한 사람들이 생성한 이미지를 볼 수 있다.

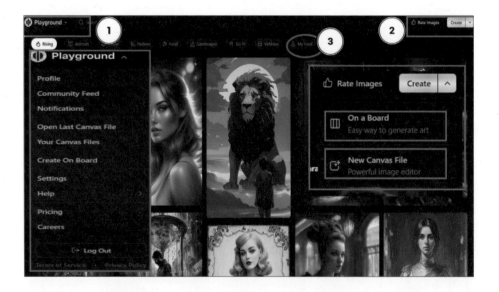

Ⅰ. ❶에서 'Profile'을 클릭하면 본인이 생성한 이미지를 모아 놓은 갤러리다.

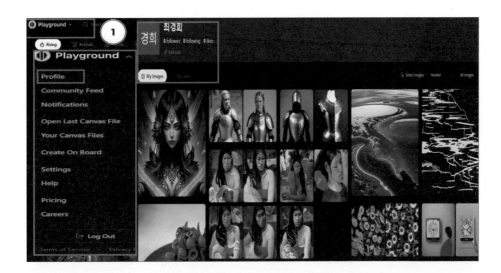

Ⅱ. ❶에서 'Community Feed'을 클릭하면 다른 사용자가 생성한 이미지를 모아 놓은 갤러리다.

III. 'Notifications'은 이미지 생성 알림 화면이다. Open Last Canvas File'은 본인이 마지막으로
캔버스에 편집했던 내용을 보여 준다.

IV. 'Your Canvas File'은 본인이 편집한 캔버스 파일을 보관해 놓은 공간이다. 무료 회원은 최대 5 개까지 캔버스 파일을 저장할 수 있다.

❷는 본인이 편집한 이미지를 저장해 놓은 캔버스 파일이다.

❸은 캔버스 파일을 삭제 또는 외부로 다운로드할 수 있다.

❹는 새 캔버스에 담을 이미지 편집 화면으로 이동한다.

❺는 PC에 저장했던 기존 캔버스 파일을 업로드해서 다시 편집할 수 있는 기능이다.

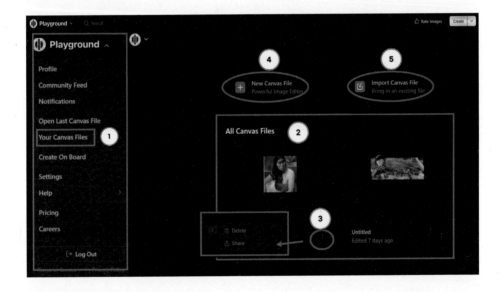

Ⅴ. 'Create On Board'는 명령어를 입력하면 이미지를 생성하는 화면이다.

Ⅵ. 'Settings' 본인 계정의 설정에 관한 화면이다.

Ⅶ. 'Help'는 질문, 트위트 팔로워, 디스코드 커뮤니티와 연결 등에 관한 기능이다.

'Pricing'은 요금제 화면이다. 'Careers'는 플레이그라운드 AI 기업을 소개하는 화면이다.

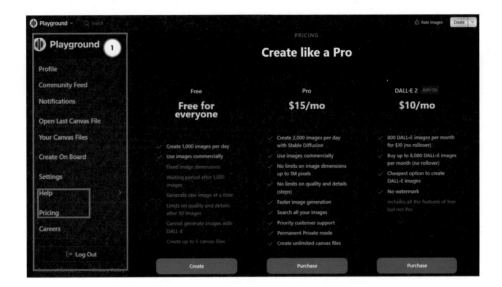

2-3　주요 기능과 편집 기능

■ 주요 기능

1) 이미지 생성 메인 화면이다. 먼저 기능부터 알아보겠다.

❶은 왼쪽 카테고리다.

· **Filter**는 플레이그라운드 AI에서 기본적으로 제공하는 이미지 툴이다. Playtoon을 선택해서 다양한 필터, 배경, 효과를 지정해서 이미지를 생성한다.

· **Prompt**는 생성할 이미지에 대한 명령어를 입력하는 곳이다.

· **Exclude From Image**는 이미지를 재생성할 시 삭제할 부분과 관련된 명령어를 입력하는 부정적 명령어 입력 창이다.

· **Image to Image**는 저장된 이미지를 업로드하고 텍스트 명령어를 추가해서 새로운 이미지를 생성하는 기능이다. 이미지 기반으로 새로운 이미지를 생성한다.

❷ 오른쪽 카테고리다.

· **Model**은 4개의 AI 엔진을 사용할 수 있다(플레이그라운드 v1, 스테이블 디퓨전 1.5, 스테이블 디퓨전 2.1, 달리-E2). 4개의 엔진 중 달리-E2는 유료 버전이다.

· **Image Dimensions**는 이미지 크기 설정 기능이다.

· **Prompt Guidance**는 명령어 반영 정도다.

· **Quality & Details**는 이미지의 퀄리티와 디테일 수준이다.

· **Seed**는 이미지 고유번호다.

· **Number of Image**는 이미지 생성 수 설정 기능이다.

· **Private Session**은 공개 범위 설정 기능이다.

2) 명령어를 텍스트로 입력하면 자동으로 이미지를 생성한다.

프롬프트 창에 명령어를 입력하고, 필트를 선택하고, 아래 생성을 클릭하면 오른쪽 공간에 이미지를 생성한다.

생성된 이미지에 마우스를 가져다 놓으면 다양한 기능이 나타난다.

❶을 클릭하면 생성된 이미지의 변형된 새로운 이미지를 생성한다.

❷를 클릭하면 이미지를 저장할 수 있다.

❸을 클릭하면 이미지 편집 화면으로 이동한다.

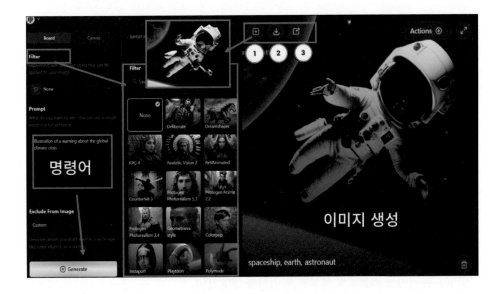

Ⅰ. 생성된 이미지에서 ❹의 Actions 옆의 + 버튼을 클릭하면 다양한 메뉴가 나타난다. ❺는 이미지를 확대할 수 있다.

❶ Edit는 생성된 이미지에 새로운 명령어를 추가해서 새로운 이미지를 편집한다.

❷ Copy Iink는 이미지 링크를 복사할 수 있다.

❸ Edit In Canvas는 편집 화면으로 이동한다.

❹ Make Private는 비공개 설정에 관한 기능이다.

❺ Inpaint는 이미지에서 특정 요소를 제거한다.

❻ Use in image to image는 이미지에 이미지를 추가해서 새로운 이미지를 생성한다.

❼ Create Variants 원본에서 변형된 새로운 이미지를 생성한다.

❽ Face restoration 이미지에서 얼굴을 복원한다.

❾ Upscale by 4x 이미지의 화질 등 품질을 4배로 업그레이드한다.

❿ View full screen은 배경을 제거한다.

⓫ Delete는 이미지를 삭제한다.

3) 이미지 투 이미지 기능으로 새로운 이미지를 생성한다.

❶ 이미지 명령어 창에 저장된 이미지를 업로드한다.

❷ 이미지가 업로드되면 텍스트 명령어 창에 명령어를 추가해서 '생성하기'를 클릭한다.

❷의 이미지에 '18세기 이탈리아 궁전'이라는 텍스트 명령어를 추가하면 ❸의 새로운 이미지를 생성한다.

Ⅰ. 'Image to Image'에 사진을 업로드하고 프롬프트 입력 창에 명령어를 입력하고 생성한 이미지다.

4) 기존 이미지를 수정해서 새로운 이미지를 생성한다.

커뮤니티 피드에서 하나의 이미지를 선택하고 이미지의 명령어를 복사한다. 'copy prompt' 아래 'seed' 번호도 이미지의 명령어 역할을 한다.

Ⅰ. 원본의 명령어를 복사해서 명령어 창에 입력하고 필터를 수정해서 새롭게 생성된 이미지다.

Ⅱ. 편집 화면에서 ❶을 클릭하여 수정할 부분을 지정한다.

❷를 선택하고 명령어 입력 창에 수정할 명령어 입력 후 '생성하기'를 클릭한다.

❸ 명령어 입력 창에 '하얀색 안경'을 입력하고 '생성하기'를 클릭하면 이미지의 안경을 하얀색으로 수정하여 생성한다.

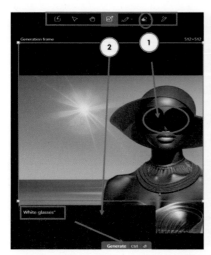

5) 이미지를 확장해서 새로운 이미지를 생성한다.

원본 이미지에 좌우 위아래 등으로 확장해서 이미지를 생성할 수 있다.

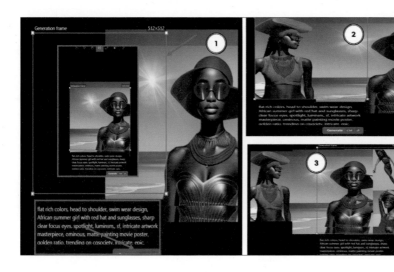

■ 편집 기능

1) 이미지 수정하기

Ⅰ. 이미지를 클릭하여 'Edit'를 선택하면 편집 화면이 나타난다.

Ⅱ. 편집 화면의 기능

❶은 이미지의 크기를 조정하는 기능이다.

❷ '이미지 투 이미지' 기능으로 이미지 명령어를 사용하여 새로운 이미지를 생성한다.

❸은 배경 화면을 삭제하는 기능이다.

❹는 이미지를 삭제하는 기능이다.

2) 이미지의 일부 수정하기

프롬프트 창에 명령어를 입력하고 생성된 이미지에 마우스를 가져다 놓으면 이미지 오른쪽 위에 'Actions +'가 나타난다. +을 클릭해서 나온 메뉴 중에서 'Edit'를 클릭하면 아래 화면이 나타난다.

Ⅰ. 아래 기능 중 지우개를 클릭해서 이미지에서 수정하고자 하는 부분을 지운다. 다음으로 수정 명령어 입력 창에 수정할 내용을 입력하고 '생성하기'를 클릭한다.

Ⅱ. 머리 부분 스타일만 변경된 새로운 이미지를 생성한다.

3) 이미지 확장하기

이미지 편집 화면에서 화면의 동그라미 부분을 클릭하면 움직이는 네모 박스가 나타난다. 네모 박스를 빈 곳으로 이동시켜서 명령어를 입력하면 공간에 새로운 이미지를 생성한다.

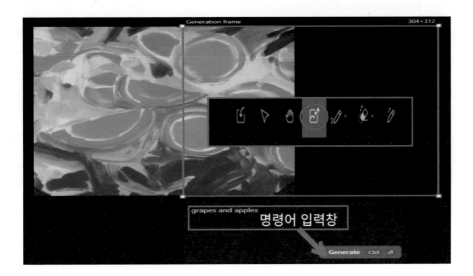

Ⅰ. 빈 곳에 새로운 이미지를 생성한다.

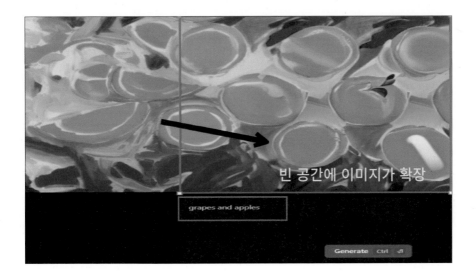

Ⅱ. 원본 이미지에 추가 명령어에 따른 확장된 이미지를 생성한다.

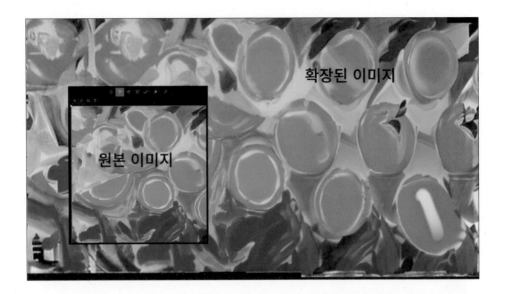

2-4 인공지능 그림 그리기

1) 텍스트 창에 명령어를 입력하여 이미지 생성하기

입력

장미꽃 모양의 로고를 그려 주세요.

결과

입력

고갱의 타히티의 여인을 그려 주세요.

결과

2) 다른 사용자의 이미지 명령어를 사용하여 이미지 생성하기

입력

무라노 유리 사과 속에 일몰이 있는 산꼭대기, 중심, 대칭, 페인트, 복잡한, 아름답고 풍부한 색상

결과

3) 이미지를 수정하여 생성하기

4) 이미지를 확장하여 생성하기

7

비 디스커버(B^ DISCOVER)로 인공지능 그림 그리기

01. 비 디스커버의 이해

비 디스커버는 카카오브레인이 2022년 11월 애플 앱스토어와 구글 플레이스토어에 정식 공개한 '칼로(Karlo)' AI 기반의 이미지 생성 및 공유 플랫폼 앱이다. 국내 최초 AI 기반의 이미지 생성 앱으로 텍스트 기반의 이미지 생성과 얼굴 사진을 바탕으로 다양한 프로필 이미지를 생성하는 두 가지의 서비스를 제공한다.

텍스트 기반 생성형 칼로 AI는 챗GPT 프롬프터를 통해 얻은 명령어 기반으로 새로운 이미지를 그려 주는 생성형 인공지능이다. 1억 8만 장 규모의 이미지와 텍스트의 상호 데이터 학습을 통해 이미지와 텍스트 간의 연관성을 제공한다.

프로필 기능은 사진 한 장만 넣으면 프로필 이미지 140장을 만들 수 있어 시간과 수고를 줄일 수 있으며, 만드는 시간도 길어야 30초 내외이다. 또한, 한글 사용이 가능하다.

2023년 하반기에는 생성된 AI 프로필 이미지에 사용자의 목소리와 모션을 입혀 비디오로 생성하는 'AI 모션 서비스'를 선보일 예정이라고 한다.

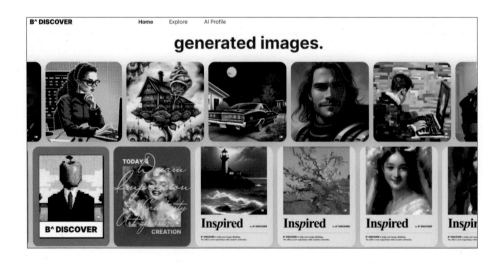

02. 비 디스커버로 인공지능 그림 그리기 (스마트폰 버전)

2-1 회원 가입과 요금제

■ 회원 가입

1) 비 디스커버는 현재 스마트폰 앱으로 서비스 중이다.
스마트폰의 구글 플레이스토어 및 애플 스토어에서
'비 디스커버'를 검색해 설치한다.

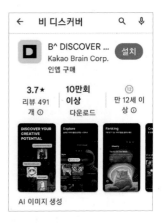

2) 회원 가입을 진행한다. 이메일, 카카오 계정, 구글 계정 연동으로도 가입이 가능하다.

■ 요금제

비 디스커버 AI의 텍스트 기반 이미지 생성은 무료 버전이고, 프로필 이미지 생성은 2023년 9월 현재 4,900원에 140장의 프로필 이미지를 생성한다.

제작된 프로필 이미지는 결제 후 1년 동안 '비 디스커버' 앱에 저장된다.

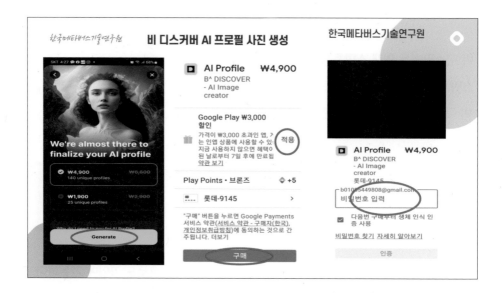

2-2 메인 화면 구성

1) 비 디스커버 AI 메인 화면이다.

❶은 비 디스커버 AI에서 생성된 모든 이미지를 볼 수 있다. 주(Weekly) 및 월 (Monthly) 단위 베스트 이미지 50까지의 순위를 확인할 수 있다. 모자이크 형태의 이미지, 오늘 생성된 이미지 등 8가지 카테고리에 따라 다양한 이미지를 제공한다.

❷는 본인의 프로필을 수정할 수 있고, 검색 기능을 활용하여 이미지를 생성할 수 있다.

❸은 텍스트 기반 이미지 생성 및 프로필 이미지를 생성할 수 있다.

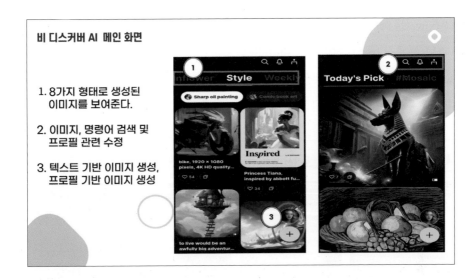

2) 메인 화면의 템플릿 카테고리 기능

메인 화면의 템플릿 카테고리는 총 8가지의 기능을 제공한다.

1 . Today's Pick은 비 디스커버 플랫폼에서 사용자들이 오늘 생성한 이미지를 보여 준다.

Mosaic은 모자이크 형태로 생성된 이미지들을 보여 준다.

Fantasy는 판타지풍으로 생성된 이미지들을 보여 준다.

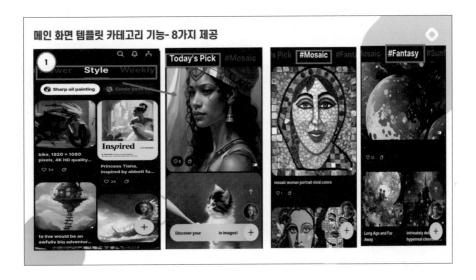

Ⅱ. Sunflower는 해바라기가 있는 이미지들을 보여 준다.

Weekly는 주간 베스트 50위권의 이미지들을 보여 준다.

Monthly는 월간 베트스 50위권의 이미지들을 보여 준다.

All은 비 디스커버에서 생성된 모든 이미지를 보여 준다.

Ⅲ 템플릿 카테고리의 Style을 선택하면 40가지 형태로 생성된 이미지의 갤러리를 볼 수 있다.

3) 사용자 갤러리 공간 및 이미지 생성 검색 기능

본인이 생성한 프로필 및 이미지를 모아 놓은 갤러리 공간과 프로필 설정을 할 수 있다. 또한, 검색 기능을 활용하여 이미지를 생성할 수 있다. 본인이 생성한 이미지의 활동을 볼 수 있다.

Ⅰ. 검색 및 텍스트 기반 이미지 생성 및 활동

❷에서 돋보기 모양을 선택하면 주제에 따른 다양한 샘플 이미지를 제공한다. 이미지를 하나 선택하고 명령어를 복사해서 새로운 이미지를 생성할 수 있다. 최근에 검색한 이미지를 볼 수도 있다. 종 모양을 선택하면 비 디스커버에서의 본인의 활동에 대한 반응을 확인할 수 있다. 본인의 이미지와 비슷하게 생성된 이미지를 볼 수 있고 제공되는 이미지의 명령어를 복사하여 새로운 이미지를 생성할 수 있다.

Ⅱ. 프로필 편집과 설정 기능을 지원한다.

❷에서 사람 모양을 선택하면 본인이 생성한 이미지를 볼 수 있는 갤러리 화면이다. 생성된 이미지에 '좋아요'라고 반응했던 이미지들을 모아 놓은 갤러리 화면도 볼 수 있다.

본인 갤러리 화면 위쪽의 연필 모양을 선택하면 본인의 프로필을 수정할 수 있다. 설정 기능을 선택하면 비 디스커버 AI의 역사, 개인정보 보호 정책, 서비스 약관, 질문, 계정 삭제 등의 다양한 기능을 확인할 수 있다.

본인 갤러리 화면 가운데 이름 '경희'를 선택하여 프로필 이미지를 설정할 수 있다.

Ⅲ. 설정 화면이다.

비 디스커버의 역사, 공지 사항, 자주 묻는 질문, 버전, 서비스 약관, 개인정보 보호 정책, 계정 삭제 등의 기능을 확인할 수 있다.

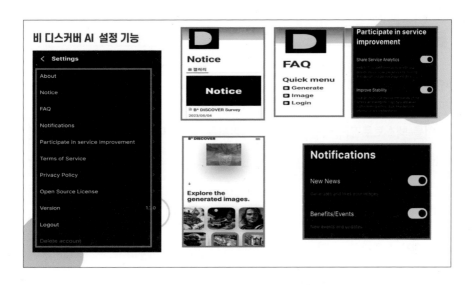

4) 비 디스커버 AI의 이미지 생성은 두 가지의 기능

첫 번째는 사용자가 입력한 명령어에 따라 이미지를 생성하는 기능이다. 두 번째는 사진 한 장만 넣으면 프로필 이미지를 최대 140장까지 생성하는 기능이다.

화면에서 + 기능을 선택하면 텍스트 기반 이미지를 생성한다. 사람 얼굴을 선택하면 프로필 이미지를 생성한다.

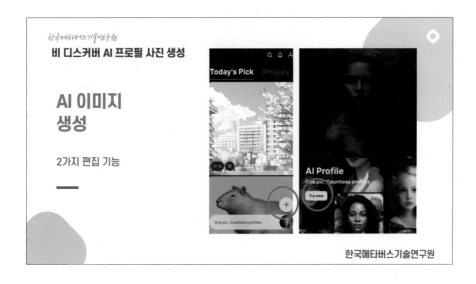

2-3   주요 기능과 편집 기능

■ 주요 기능

1) 명령어를 텍스트로 입력하면 자동으로 이미지를 생성한다. 텍스트 기반 이미지 생성을 위해서는 메인 화면의 + 버튼을 클릭한다.

텍스트 기반 이미지 생성은 두 가지 방법이 있다. 첫 번째는 플랫폼의 이미지 생성 화면에서 주어진 질문에 따라 나타나는 제시어를 선택해서 이미지를 생성하는 방법이다. 두 번째는 본인이 희망하는 명령어를 입력해서 이미지를 생성하는 방법이다.

Ⅰ. 주어진 질문을 따라 제시어를 선택해서 이미지를 생성한다.

❶~❺까지의 질문(생각, 스타일, 장소, 시간, 색상)에 주어진 제시어를 하나씩 선택해서 이미지를 생성한다.

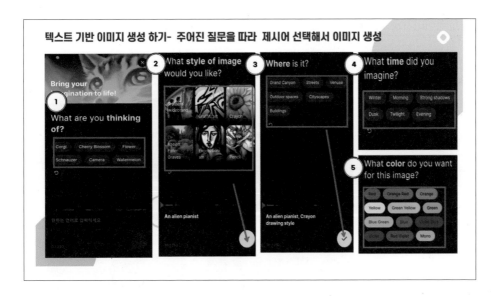

Ⅱ. 제시어를 모두 선택하고 나면 화면 ❶과 같이 칼로 AI가 이미지를 생성한다.

　❷ 생성된 이미지 화면에서 하나를 선택하고 다음을 클릭한다.

　❸ 생성된 이미지는 2회까지 재생성할 수 있다. 명령어 창에 텍스트를 추가하고 새로운 이미지
를 생성한다.

III. 생성된 이미지 중 하나를 선택하고 추가 명령어를 입력하면 변형된 새로운 이미지를 생성한다.

IV. 생성된 이미지 중 ❶과 같이 하나를 선택한다.

　❷ 이모티콘으로 이미지에 대한 반응을 표현한다.

　❸ 저장 및 공유할 수 있다.

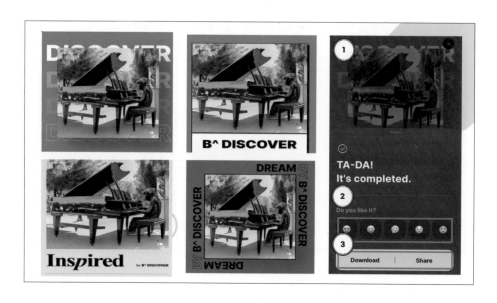

2) 명령어를 텍스트로 입력하고 이미지를 생성한다.

❶ 메인 화면에서 +를 선택한다. ❷ 명령어 창에 텍스트를 입력한다.
❸ 한글 지원이 된다. ❹ 이미지 생성 중이다.

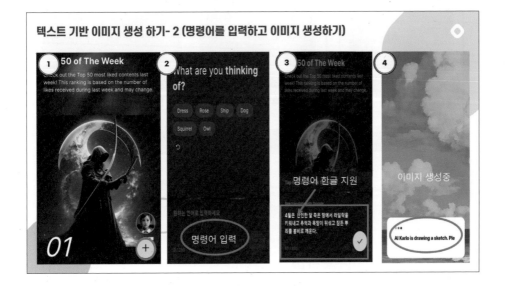

ㅣ. 생성된 이미지에 추가로 명령어를 입력해서 변형된 이미지를 생성한다. 마지막으로 이미지를 선택하고 'next'를 클릭한다.

Ⅱ. 생성된 이미지에 다양한 색상의 프레임을 입힐 수 있다.

3) 프로필 이미지 미리보기(무료 버전)

프로필 이미지 생성도 미리보기 화면을 통해 무료로 체험할 수 있다.

❶ 메인 화면에서 + 위의 인물 사진을 선택한다.

❷ Free Trial을 선택한다.

❸ 남자, 여자, 소년, 소녀 중 하나를 선택하고 스마트폰 갤러리에서 사진을 한 장 업로
드한다.

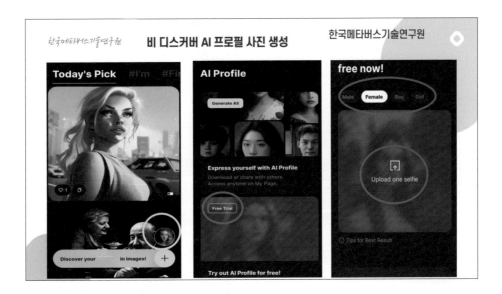

I. 스마트폰에 저장된 사진의 해상도가 낮은 경우 새로운 사진을 업로드 하라는 경고 문구가 뜬다. 새로운 사진을 업로드할 경우에는 'Retry'를 계속 진행 시에는 'Next'를 클릭하면 사진을 기반으로 한 AI 프로필 이미지를 생성한다.

사진의 해상도가 낮은 경우 AI가 인식하지 못해 오류가 발생할 수 있다.

4) 프로필 이미지 생성하기(유료 버전)

메인 화면에서 프로필 이미지 생성 기능을 클릭한다.

❶에서 하나를 선택한다.

❷는 프로필 이미지 생성 최상의 결과를 위한 업로드 사진의 좋은 예와 좋지 않은 예를 설명하고 있다.

프로필 이미지 생성에 있어 최상의 결과를 얻기 위해서는 업로드 사진이 중요하다. 업로드 사진은 해상도가 선명해야 하고 얼굴 전체가 다 들어가도록 찍은 사진이어야 한다.

단체 사진이나 사진 속에 타인이 등장하는 사진, 얼굴의 일부가 가려진 사진, 동물 사진은 불가하다.

❸ 프로필 이미지 생성을 위한 업로드 사진은 스마트폰에 저장된 사진을 선택할 수도 있고 셀카를 찍어 사용할 수도 있다.

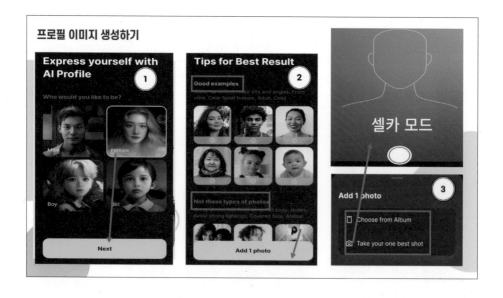

Ⅰ. 업로드 사진으로 AI 생성하기를 선택하면 유료 결제 화면으로 이동한다.

❷의 Generate를 선택하면 결제 화면으로 이동한다.

❸ 결제하면 업로드 사진 한 장에 140장의 AI 프로필 이미지를 자동으로 생성한다. 새로운 업로드 사진으로 AI 이미지 생성 시에는 다시 결제를 진행해야 한다. 프로필 이미지 한 장에 140장을 제공하고 매번 새로운 업로드 사진마다 결제를 진행해야 하는 점에 유의 바란다.

Ⅱ. 유료 버전은 일회성으로 프로필 이미지 한 장에 140장을 생성한다.

결제 완료 후 1분 안에 업로드 사진을 바탕으로 한 프로필 이미지 140장을 즉석에서 생성한다.

Ⅱ. 유료 프로필 이미지는 다섯 가지의 주제를 배경으로 이미지를 생성한다.

5) 다른 사용자가 만든 이미지 명령어를 복사해서 새로운 이미지를 생성한다.

❶ 메인 화면에서 다른 사용자가 생성한 이미지를 하나 선택하고 명령어를 복사한다.

❷ 명령어를 확인하고 선택한다.

❸ 다른 사용자의 이미지 명령어를 복사해서 6장의 새로운 이미지가 생성되었다.

Ⅰ. 다른 사용자가 생성한 이미지를 공유 저장할 수 있고, 좋아요 등의 반응도 할 수 있다.

❶ 메인 화면의 모든 이미지 명령어를 복사해서 본인만의 새로운 이미지를 생성할 수 있다.

❷ 다른 사용자가 생성한 이미지에 '좋아요' 등의 반응도 할 수 있고, 링크 복사, 저장, 외부 공유도 할 수 있다.

❸ 이미지 아래 명령어 복사를 선택해서 언제든지 본인의 이미지를 생성할 수 있고, 생성된 이미지에 대한 저작권은 생성한 사람에게 있다.

6) 다른 사용자가 생성한 이미지에 본인의 명령어를 추가해서 새로운 이미지를 생성한다.

❶ 다른 사용자의 이미지 명령어를 복사한다.

❷ 추가할 명령어를 한글로 적고 즉석 번역 기능을 사용하면 영어로 변환된다.

❸ 6장의 새로운 이미지를 생성한다.

■ 비 디스커버는 편집 기능은 제공하지 않는다.

2-4 인공지능 그림 그리기

1) 텍스트 창에 명령어를 입력하여 이미지 생성하기

입력

당신은 시인입니다. 엘리엇의 시 〈황무지〉를 반 고흐 스타일 그림으로 그려 주세요.

결과

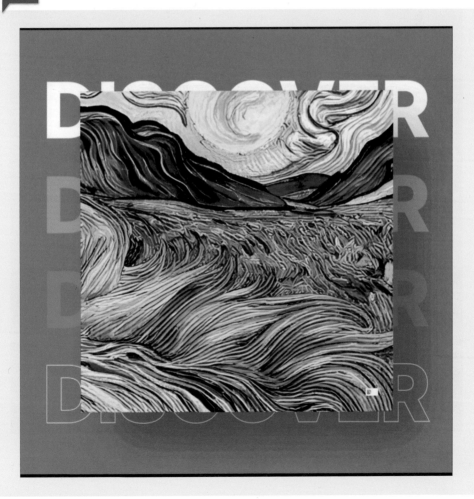

2) 이미지 생성하기 화면에서 주어진 질문을 따라 제시어를 선택해서 이미지 생성하기

입력

커피, 아크릴 페인팅, 정원, 겨울, 파란색

결과

3) 프로필 이미지 미리보기 체험으로
   생성하기(필자의 사진 이용)

4) 프로필 이미지 생성하기(유료 버전,
   필자의 사진 이용)

5) 다른 사용자의 이미지 명령어를 리믹스해서 이미지 생성하기

입력

회색 늑대의 초상화, 르네상스 의복, 이탈리아의 초상화, 르네상스, 리얼리즘, 연필 그리기 스타일, 골든아워, 회전, 모노, 시몬 바르가스, 당신이 좋아할 수 있는 이미지

결과

6) 다른 사용자의 이미지 명령어에 본인의 명령어를 추가해서 이미지 생성하기

입력

현실적인 젊음, 여자, 한국인, 아름다운 여자 캐릭터, 초상화, 자세한, 디지털 초상화, 장미 은하, 미켈란젤로에서 영감을 받은 공주, 브라운, 바이올렛, 스팀펑크 드로잉

결과

8

어도비 파이어플라이(Adobe Firefly)로 인공지능 그림 그리기

01. 어도비 파이어플라이의 이해

미국의 소프트웨어 기업 어도비가 2023년 3월에 공개한 이미지 생성 인공지능이다. 텍스트 프롬프트로 이미지나 일러스트레이션, 3D 이미지 등을 생성할 수 있다.

이 인공지능이 다른 이미지 생성 AI와 차별되는 점은 그림 생성과 함께 그래픽 편집 기술이 들어간 다양한 기능을 제공하며, 여기에 100% 합법적인 데이터를 보유하고 있다는 것이다.

즉 파이어플라이는 어도비의 스톡 이미지(Stock Image, 일반적으로 사용되는 이미지를 대량으로 생산하여 판매하는 이미지)와 저작권이 만료된 공개 도메인 등의 작품들로만 학습되어 저작권 문제가 없다.

또한, 포토샵에 간단한 명령어를 통해 이미지를 편집할 수 있는 제너레이티브 필(Photoshop Generative Fill) 기능도 추가되었고, 2023년 6월에는 어도비 영상 편집 앱 '프리미어 프로'에 파이어 플라이 AI를 통합했다.

현재 포토샵 베타버전에서만 사용 가능하다. 베타버전에서 생성한 이미지의 상업적 사용은 불가능하다.

02. 어도비 파이어플라이로 인공지능 그림 그리기

2-1 회원 가입과 요금제

■ 회원 가입

1) 구글에서 프로그램 사이트에 접속한다.

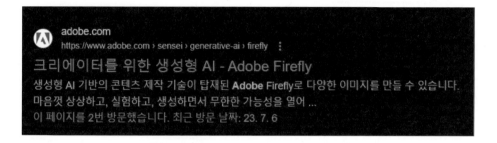

2) 화면에서 '로그인'을 클릭하여 회원 가입을 진행한다.

3) 구글, 페이스북, 애플 계정과 연동하거나 새로운 계정으로 로그인한다. 이메일 분실 시 사용할 추가 이메일을 적고 인증을 완료한다.

4) 어도비 제너레이티브 AI 사용 지침에 동의하면 로그인이 완료된다.

■ 요금제

어도비 파이어플라이는 어도비의 앱 중에서 '프리미어 프로'에 통합되었다. 현재는 베타버전은 무료로 사용할 수 있다.

프리미어 프로의 유료 요금은 아래와 같다. (월별과 연 단위 금액이 다름)

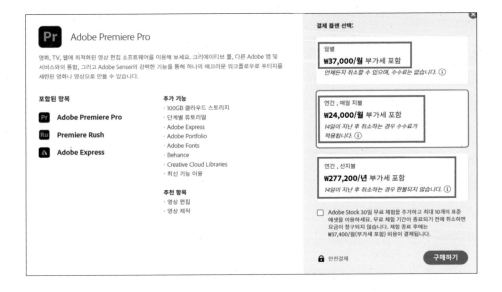

2-2 메인 화면 구성

1) 어도비 파이어플라이 AI 메인 화면이다.

❶은 텍스트 기반의 명령어를 입력하면 이미지를 생성한다.

❷는 생성 채우기다. 화면의 특정 부분을 지워서 명령어를 입력하면 삭제된 부분에 새로운 이미지를 생성하거나, 지워진 부분의 색깔을 다른 색상으로 바꾸어 준다.

❸은 텍스트 효과다. 명령어를 입력하면 텍스트 스타일을 바꾸어 주거나, 텍스트에 다양한 질감(천, 돌, 나무, 주름)이나 느낌을 제공한다.

❹는 생성적 재 색상 기능이다. 벡터 그래픽 소프트웨어를 사용하여 생성된 그래픽 작품에 다양한 색상을 제공한다.

❺는 3D 이미지 전환 기능이다. 프롬프터 명령어에 따라 다양한 장면의 3D 이미지를 생성한다.

❻은 이미지 확장이다. 아웃페인팅 기능으로 이미지를 삭제하거나 확장해 주고, 확장한 부분에 명령어를 입력하면 추가 이미지를 생성한다.

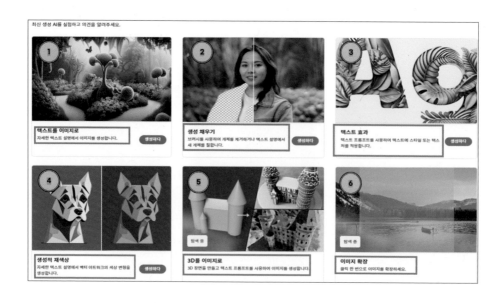

❼은 플랫폼에서 제공하는 다양한 프롬프트 시트다. 이미지의 명령어를 사용하여 새
　로운 이미지를 생성한다.

❽은 이미지 생성 및 편집과 관계되는 기능을 영상으로 설명하고 있다.

❾는 사용자가 가지고 있는 이미지를 사용하여 명령어에 따라 다양한 스타일의 새로
　운 이미지를 생성한다.

❿은 명령어를 입력하면 벡터 이미지를 생성한다.

⓫은 명령어를 입력하면 타일링 패턴을 생성한다.

⓬는 명령어를 입력하면 포토샵과 함께 브러시가 생성되어 자동으로 색상을 입히는
　등 사용자 정의 기능이다.

⓭은 명령어를 입력하면 스케치 그림에 색상을 입혀준다.

⓮는 명령어를 입력하면 이미지에 템플릿을 생성한다.

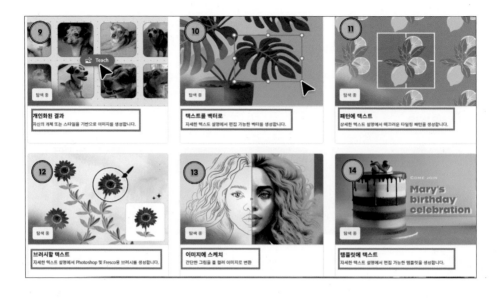

⑮를 선택하면 어도비 디스코드 커뮤니티 화면으로 이동한다.

⑯은 프로그램에 관한 질문과 아이디어 제출, 오류 신고, 프로그램 이용에 관한 피드백 등을 공유할 수 있는 화면으로 이동한다.

⑰은 사용자의 계정과 언어 선택에 관한 항목이다.

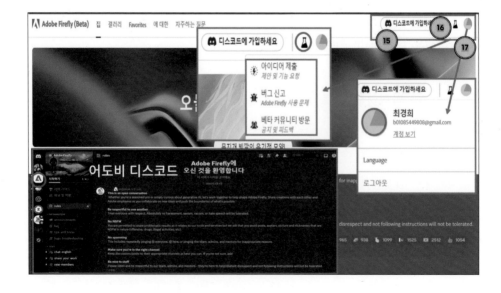

2) 메인 화면에서 '갤러리'를 클릭하면 다른 사용자가 생성한 이미지를 볼 수 있다. 하나를 선 택하여 리믹스 하면 변형된 새로운 이미지를 생성한다.

3) '즐겨찾기'를 클릭하면 생성된 이미지 중에서 즐겨찾기 공간에 저장된 이미지를 볼 수 있다.

4) '~에 대한'을 클릭하면 어도비 화면으로 이동한다. '자주 하는 질문'을 클릭하면 프로그램 사용에 관련된 질문 예시를 볼 수 있다.

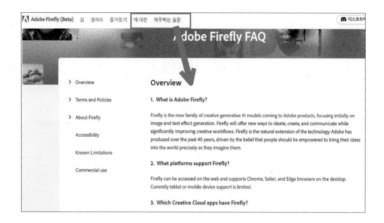

주요 기능과 편집 기능

■ 주요 기능

1) 명령어를 텍스트로 입력하면 자동으로 이미지를 생성한다.

Ⅰ. 명령어를 입력하면 4장의 이미지를 생성한다. 생성된 이미지 오른쪽의 다양한 기능을 설정하여 사용자 맞춤형 이미지를 생성할 수 있다.

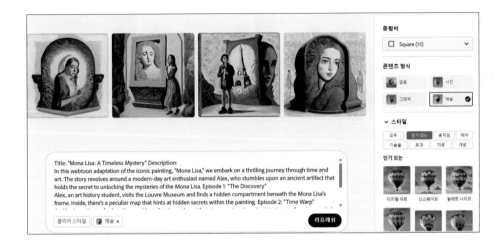

Ⅱ. 생성된 이미지 화면 오른쪽 카테고리에서 이미지 비율, 형식, 스타일, 색상과 톤, 조명, 구성 등을 지정할 수 있다.

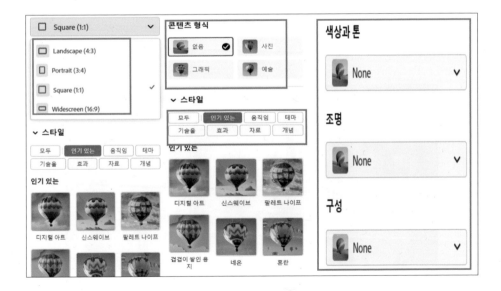

Ⅲ. 원본 이미지에 오른쪽 카테고리의 기능을 설정하면 새로운 이미지를 생성한다.

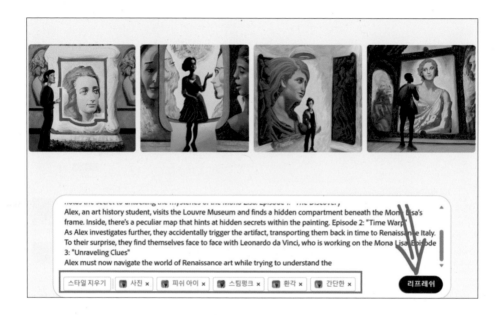

2) 플랫폼에서 제공된 이미지를 선택하거나, 명령어를 추가해서 새로운 이미지를 생성한다.

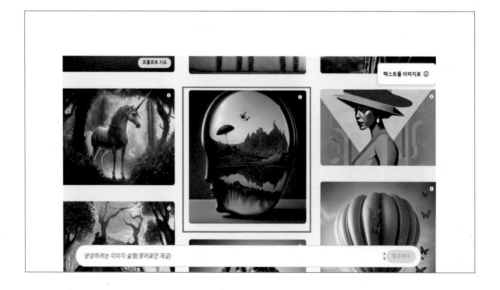

ㅣ. 제공된 프롬프트 시트를 활용하여 4장의
새로운 이미지가 생성되었다.

3) 부적절한 명령어 사용 시 이미지 생성이 불가하다.

로드할 수 없습니다.

하나 이상의 단어가 Firefly 사용자 지침을 위반합니
다. 편집한 후 다시 시도하십시오.

피드백 공유

Dwari. Dwarfs are cute little characters from the Seven Dwarfs and other fairy tales. In general, they also play an important role in fairy tales, along with Snow White.

Queen: The queen is a character with multiple roles appearing in many fairy tales and stories. She often plays a variety of roles, such as being the villain and bullying the protagonist, or causing a major twist in the story. The Evil Queen in "Snow White" is one of them, obsessed with her own beauty. These three characters play an important role in fairy tales and stories that are loved all over the world, and have been reinterpreted in different wa

리프레쉬

4) 생성된 이미지에 대해 다양한 옵션을 제공한다.

생성된 이미지 중에서 한 장을 클릭하면 브라우저 창에 이미지가 확대되어 나타나며 여러 가지 기능을 설정할 수 있다.

❶을 클릭하면 이미지에 대해 '좋아요', '싫어요' 등의 평가를 이모티콘으로 표현할 수 있다.

❷를 클릭하면 '이미지에 대해 불법성이나 상표권 위반, 저작권 위반, 성적인 콘텐츠 제한 등의 의견을 제출할 수 있다.

❸을 클릭하면 이미지를 클립보드에 복사할 수 있다. 또한, 어도비 파이어플라이 갤러리에 공유되어 다른 사용자가 해당 이미지를 볼 수 있고 이미지 명령어를 사용하여 리믹스할 수 있다.

❹를 클릭하면 저장 기능이다. 저장하기 전에 화면과 같은 문구가 나타나는데, 해당 이
미지에 대한 저작권에 관한 내용이다. 이미지에 대한 자격 증명이 적용된 후 다운로
드할 수 있다.

❺를 클릭하면 해당 이미지가 즐겨찾기 공간에 저장된다.

❻을 클릭하면 원본 이미지를 바탕으로 변형된 새로운 이미지 4장을 생성한다.

❼은 제네레이티브 필 기능으로 이미지 편집 화면으로 이동한다.

5) 생성 채우기 도구를 활용하면 명령어를 사용하여 원본 이미지의 색상을 변경할 수 있다.

6) 텍스트 효과 기능을 사용하여 텍스트에 다양한 질감과 느낌을 준다.

Ⅰ. '텍스트 효과'를 클릭해서 나오는 화면에서 이미지를 하나 선택하면 다음과 같은 화면이 나온다. 오른쪽 메뉴의 기능(샘플 프롬프트, 폰트, 색상)을 설정하여 텍스트에 다양한 질감과 느낌을 준다.

명령어 입력 창에 생성할 텍스트를 입력하고 텍스트에 입힐 효과와 관련된 명령어를 설정하면 된다.

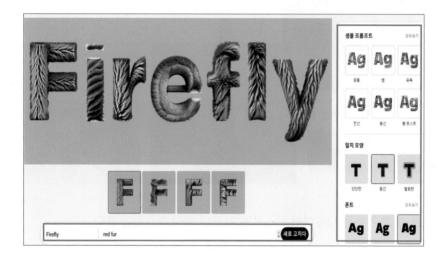

Ⅱ. 오른쪽 메뉴 기능에서는 자연적, 소재와 질감, 음식 및 음료와 관련한 기본적인 프롬프트를 제공한다. 사용자는 이 중에서 하나를 클릭하여 텍스트에 질감을 입힐 수 있다.

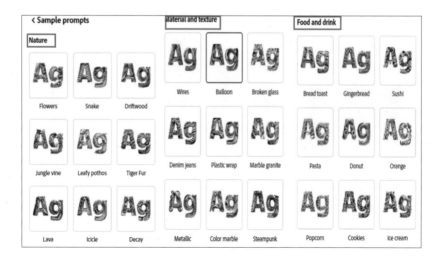

Ⅲ. 폰트, 배경 색상, 텍스트 색상도 다양하게 선택할 수 있다.

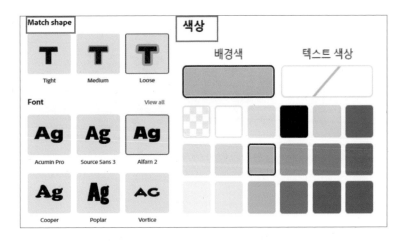

Ⅳ. 기본적으로 제공하는 프롬프트를 활용하여 텍스트에 다양한 질감을 주고 색상도 변경할 수 있다.

Ⅴ. 명령어 입력 창에 텍스트와 관련한 효과를 입력하면 4장의 새로운 이미지를 생성한다.

7) 벡터 그래픽 소프트웨어를 사용하여 생성된 벡터 이미지(도형과 선들로 구성된 이미지)에 다양한 색상을 제공하고 새로운 이미지를 생성한다.

SVG 파일은 웹디자인 및 프로그래밍에서 많이 사용되는 이미지 파일이다.

이 프로그램 브라우저에서는 XML 기반의 벡터 그래픽 이미지 형식인 SVG(Scalable Vector Graphics) 파일만 지원된다. SVG 파일의 크기를 자유롭게 조절할 수 있고, 품질을 유지한 채 고해상도로 출력할 수 있다. 또한 SVG 파일은 텍스트, 이미지, 도형 등 다양한 그래픽 요소를 포함한다.

Ⅰ. 어도비 파이어플라이에서 제공하는 SVG 파일을 선택하여 새로운 이미지를 생성한다. 샘플 이미지 중 하나를 클릭한다.

Ⅱ. 편집 화면에서 명령어를 추가하여 새로운 이미지를 생성할 수 있다. 오른쪽의 샘플 프롬프트를 활용해서도 새로운 이미지를 생성할 수 있다.

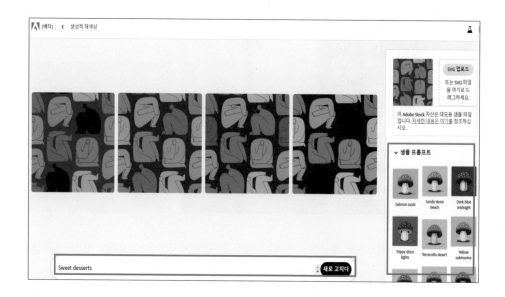

Ⅲ. 편집 화면의 오른쪽 카테고리에는 샘플 프롬프트와 조화, 색상 등 다양한 기능이 있다. 제공하는 기능을 사용하여 원본 이미지를 변형해서 새로운 이미지를 생성한다.

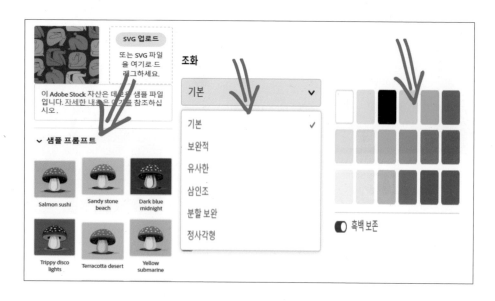

IV. 원본 이미지를 다양한 색상으로 계속해서 변형 생성할 수 있다.

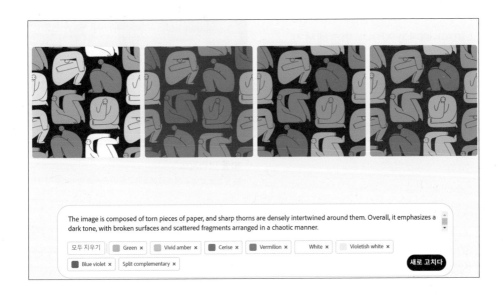

V. 화면에서 왼쪽 위의 기능을 사용하면 생성된 이미지에 다양한 효과를 준다. 생성된 이미지를 클릭하면 이미지에서 가장 많이 사용된 색상을 표시해 준다. 색상 섞기 기능을 사용하면 변경된 색상으로 이미지를 생성한다. 클립보드에 복사, 다운로드, 평가 등의 기능도 지원한다.

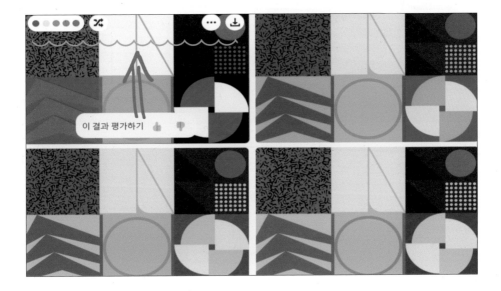

8) 3D 파일을 불러와서 명령어를 입
력하면 3D 파일에 색상도 입히고
다양한 배경과 장면을 연출해서 생
성한다.

3D를 이미지로
3D 장면을 만들고 텍스트 프롬프트를 사용하여 이미지를 생성합니다.

Ⅰ. '3D 이미지'를 클릭하여 나온 메뉴에서 3D 모형을 하나 선택한다.

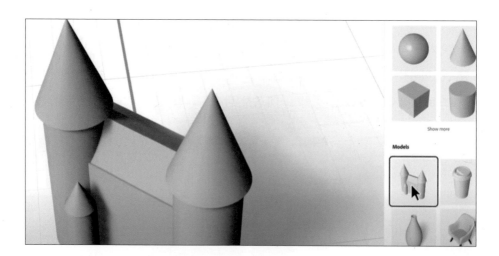

Ⅱ. 명령어를 입력하면 배경과 함께 3D 파일을 다양하게 생성한다.

9) 이미지를 확장해 준다. 아웃페인팅 기능으로 이미지를 삭제하거나 확장해 준다. 현재(2023년 9월) 서비스 준비 중이다.

이미지 확장
클릭 한 번으로 이미지를 확장하세요.

■ 편집 기능

1) 생성한 이미지는 '제너레이티브 필' 기능을 활용하여 편집할 수 있다. 생성된 4장의 이미지 중에서 한 장을 선택하고 왼쪽의 연필 모양(편집)을 클릭한다. 나타나는 메뉴 중에서 '제너레이티브 필'을 클릭하면 편집 화면으로 이동한다.

Ⅰ. 편집 화면이다.

❶을 클릭하면 이미지의 배경이나 특정 부분을 삭제할 수 있다. ❶을 선택하고 왼쪽 마우스를 클릭한 채로 화면의 특정 부분을 지우면 된다.

❷를 클릭하면 ❶에서 지웠던 부분의 이미지를 원상 복구할 수 있다.

❸을 클릭하면 브러시의 두께를 설정할 수 있다.

❹를 클릭하면 이미지의 배경을 삭제할 수 있다.

❺를 클릭하면 ❹번과 반대로 이미지의 배경을 제외한 나머지 부분을 삭제할 수 있다.

❻은 수정했던 부분을 원본 이미지로 되돌릴 수 있다.

❼은 편집할 이미지에 마우스를 갖다 놓으면 자유롭게 화면을 움직일 수 있다.

'삽입 도구'는 편집 모드로 전환해 준다. '제거 도구'는 이미지의 특정 부분에 마우스를 갖다 놓고 더블클릭하면 더블클릭한 부분의 이미지만 삭제된다. '팬 도구'를 클릭하면 이미지를 수동으로 지울 수 있다.

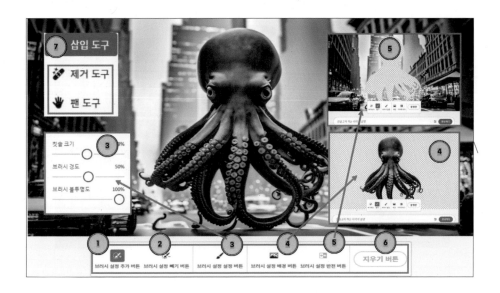

Ⅱ. 배경을 삭제하고 명령어를 추가하여 새로운 배경을 생성한다.

III. 반대로 배경은 그대로 두고 명령어를 추가하여 중앙의 문어 이미지를 다른 이미지로 바꿀 수 있다. 새롭게 생성된 이미지는 아래 'cancel-button'을 클릭하여 삭제할 수 있고, 'keep-button'을 클릭하여 저장할 수 있다.

IV. ❶번과 같이 원본 이미지의 일부분을 지우고 새로운 명령어를 사용하면 ❷, ❸번과 같이 삭제되었던 부분에 새로운 이미지를 생성한다.

Ⅴ. PC에 저장된 이미지를 사용하여 편집
　할 수 있다.

Ⅵ. 명령어를 입력해서 새로운 배경을 추가
　할 수 있다.

Ⅶ. 배경은 그대로 두고 사람을 바꿀 수도 있다.

2-4 인공지능 그림 그리기

1) 텍스트 창에 명령어를 입력하여 이미지 생성하기

입력

거대한 풍경, 검은색과 흰색, 사람의 두뇌, 흑백, 끝없이 펼쳐지는 사막, 바람, 남자, 한 그루 나무

결과

2) 다른 사용자의 이미지 프롬프트를 사용하여 이미지 생성하기

입력

마법의 숲속에 있는 유니콘, 명확한 스타일, 콘셉트 아트, 공상적

결과

3) 배경을 삭제하고 명령어를 추가하여 새로운 이미지 생성하기

입력

아름다운 꽃들이 피어 있는 들판, 푸른 하늘과 산

결과

4) 텍스트에 스타일과 텍스처를 입혀 이미지 생성하기

핑크 하와이 스타일의 히비스커스 꽃과 사실적인 잎, 배경색 핑크, 포플러 폰트, 헐렁한 느낌

결과

5) 벡터 이미지에 색상 입히기

입력

눈 속의 벚꽃, 노란색, 산, 달, 선명한

결과

9

뤼튼(Wrtn)으로
인공지능 그림 그리기

01. 뤼튼의 이해

뤼튼은 '라이팅 터너(Lighting Turner)'의 줄임말이다. 불어로 '작가'란 의미로 작가, 비즈니스 전문가, 마케터들이 원하는 키워드를 기반으로 최적화된 글을 생성한다. 국내 생성 인공지능 스타트업 '뤼튼 테크놀로지스'가 개발한 프로그램으로 챗GPT-4, 네이버 하이퍼클로바, 자체 언어 모델을 기반으로 만든 한국에 최적화된 AI 서비스다.

2023년 8월 현재 이 프로그램이 생성한 한국어 단어 수는 22억 단어를 넘어서고 있다. 대용량의 생성 데이터와 사용자의 질문을 분석해 한국 문화에 최적화된 결과물을 만들어 낸다. 뤼튼은 다양한 AI 모델을 탑재하고 있는데 그중에서도 오픈 AI의 챗GPT-4 버전을 무료로 사용할 수 있다.

다양한 글의 초안 작성을 돕는 툴(블로그 글쓰기, PDF 파일 요약, 자기소개서, 인스타그램 피드, 유튜브 숏츠 대본, 상세 페이지, 광고 문구, 메일 작성, 책 제작 등)과 챗봇 서비스를 통합한 플랫폼이다.

AI 이미지 생성 서비스도 미국의 스태빌리티(Stability) AI를 이용해 사용량 제한 없이 무제한 이용할 수 있다. 2023년 8월 현재 퍼블릭 이미지 생성 AI로 잘 알려진 미드저니가 유료로 운영 중이고, 스태빌리티 AI도 사용량에 제한을 둔 점을 고려하면 뤼튼의 무제한 이용은 파격적인 혜택이라 할 수 있다.

사용자가 텍스트를 입력하면 즉석에서 이미지를 생성함으로 사용법이 편리하고, 결과물에 대한 저작권 및 사용 권한도 사용자에게 귀속되어 개인적 용도 및 상업적 용도로도 활용할 수 있다.

현재 PC와 스마트폰 버전에서 이용할 수 있다. 단 스마트폰에서는 서비스 지원이 제한적이다.

02. 뤼튼으로 인공지능 그림 그리기

2-1 회원 가입과 요금제

■ 회원 가입

1) 구글에서 프로그램 사이트에 접속한다.

2) 화면에서 '로그인' 버튼을 클릭하여 회원 가입을 진행한다.

3) 구글, 네이버, 카카오톡, 애플 등의 계정과 연동해서 간편하게 회원 가입할 수 있다. ❶의 화면에서 본인에게 맞는 계정과 연동해서 로그인할 수 있다. (❷-구글, ❸-카카오톡)

■ 요금제

뤼튼은 프롬프트 이용 및 AI 이미지 생성 기능 등을 모두 무료로 이용할 수 있다. 단 유료 이용 시 속도, 생성 결과물 수, 생성 이력 기록 관리 등에 따른 차별성이 있다.

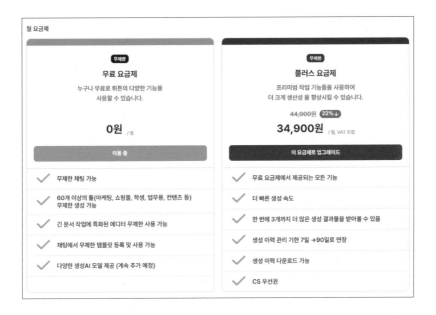

2-2 메인 화면 구성

1) 뤼튼의 메인 화면이다.

❶은 채팅 창, 개인에게 최적화된 툴 제공, 에디터, 플러그인 기능을 제공한다.

❷는 AI 스토어, 공유 트렌드, 다운로드, 기타 설정 등의 기능을 제공한다.

❸은 명령어 입력 창이다.

❹는 뤼튼에서 제공하는 인공지능 엔진과 명령어 창 툴 양식과 자주 쓰는 문구 등의 기능을 제공한다.

2) '채팅'을 클릭하면 채팅 창 화면이 나온다. 채팅 창 화면의 명령어 입력 창에 텍스트로 질
문하면 질문에 대한 답변을 생성한다. 그림을 그려 달라고 하면 1분 안에 이미지를 생성
한다.

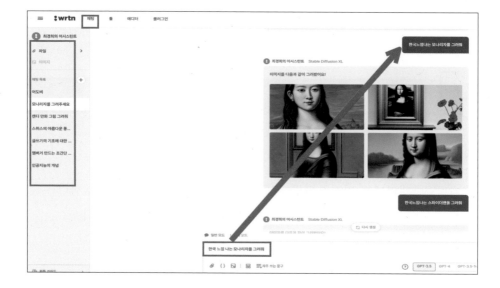

Ⅰ. '툴'을 클릭하면 다양한 툴 항목이 나온다.

　자기소개서, 독서 감상문, 인스타 피드, 유튜브 숏츠 대본, 블로그 포스팅 등 다양한 콘
텐츠의 글을 자동으로 생성할 수 있는 화면이다. 독서 감상문을 선택하고 책 제목과 저
자를 입력하고 '자동 생성'을 클릭하면 오른쪽에 자동으로 독서 감상문을 생성한다.

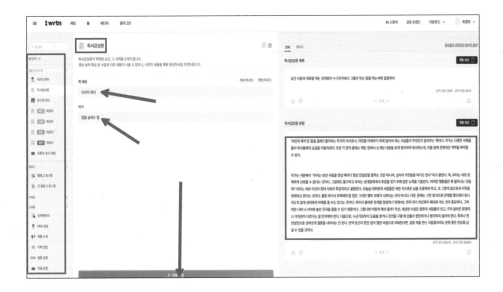

Ⅱ. ❶ '에디터'를 클릭하면 문서 편집 화면이 나온다.

❷ '문서 생성하기'를 클릭한다.

❸ 문서 작성 화면에서 글의 주제와 카테고리를 선택하고 '자동 생성'을 클릭하면 글의
　　주제와 카테고리에 맞는 문서를 생성한다. Ctrl +Enter 기능을 사용하면 문서를 계
　　속해서 자동으로 생성할 수 있다.

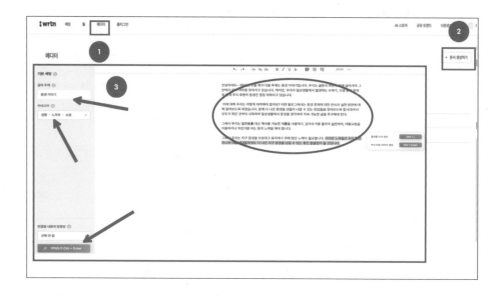

III. '플러그인'을 클릭하면 플러그인 서비스 화면으로 이동한다.

플러그인은 콘센트에 코드를 꽂는 것처럼 특정 소프트웨어에 제3의 개발사가 만든 애플리케이션을 접목해 이용자 혜택을 늘리는 서비스다. 금융, 쇼핑, 숙박 예약, 논문 검색, 의료, 부동산 소식 등의 서비스를 제공한다.

3) 'AI 스토어'를 클릭하면 뤼튼에서 제공하는 툴과 챗봇을 사용하여 창작 공간을 만들 수 있다.

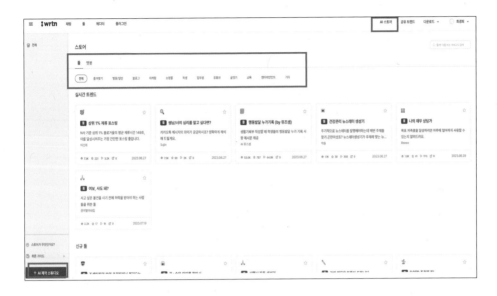

ㅣ. 뤼튼에서 서비스하고 있는 툴과 챗봇 두 가지 유형의 AI 도구를 제작할 수 있다. 사용자가 직접 만든 툴과 챗봇을 공유하고, 다른 사용자가 만든 툴, 챗봇을 사용해 볼 수 있는 체험 공간이다. 본인이 만든 툴과 챗봇뿐 아니라 다른 사람이 만든 것도 사용해 볼 수 있고, 마음에 드는 경우 내 툴, 채팅으로 가져와서 사용할 수도 있다.

Ⅱ. 툴은 특정 형식의 결과물을 빠르게 반복 생성하는 용도로써 템플릿 형식으로 제공된다. 스토어에서 마음에 드는 툴을 선택해 사용해 볼 수 있다.

Ⅲ. 광고 문구를 작성하기 위해 입력 창에 제품 이름, 제품 특징, 제품 유형 등을 적고 '자동 생성' 버튼을 클릭한다. 자동으로 결과물이 생성되고 관련 툴과 추천 툴도 볼 수 있다.

Ⅳ. 챗봇은 사용자의 커스텀 AI 어시스턴트로, AI의 성격 및 목표를 개인에 맞춰 설정할 수 있다. 텍스트 및 문서 등으로 추가 자료를 학습시켜 더 개인화된 채팅 경험을 가능하게 한다.

4) '공유 트렌드'를 클릭하면 다른 사용자가 생성한 결과물을 공유해 놓은 공간을 볼 수 있다. 클릭하면 생성된 다양한 결과물을 볼 수 있다.

5) 메인 화면에서 오른쪽 위의 사용자 이름을 클릭하면 설정 기능과 관련된 카테고리가 나타난다. 계정 정보를 수정할 수 있고, 요금제 화면으로 이동할 수 있다. 본인의 결제 정보와 쿠폰 등을 등록할 수 있다. '툴 히스토리'를 클릭해서 본인이 뤼튼의 툴 기능을 활용해 생성한 결과물을 확인할 수 있다.

6) 메인 화면에서 ❶의 일반 모드는 명령어 창에 질문할 내용을 입력하면 답변을 생성한다. 검색 모드는 검색할 내용을 입력하면 실시간 정보를 반영해서 검색 결과를 생성한다. ❷는 명령어나 검색어 입력 창이다. ❸은 파일(PDF 파일만 지원), 코드, 이미지 등을 입력하면 답변을 제공한다. 명령어 창에 자주 쓰는 문구를 등록할 수 있다. ❹는 챗GPT의 다양한 버전을 선택해서 질문을 생성할 수 있다. ❺는 툴 리스트로 사용 목적에 따라 영문 이메일, 긴 블로그 포스팅, 레포트 등의 툴을 사용하여 명령어를 입력하면 결과물을 생성한다.

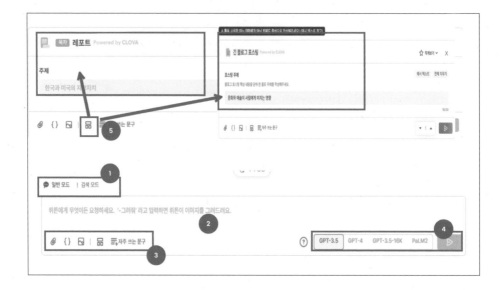

2-3   주요 기능과 편집 기능

■ 주요 기능

1) 명령어를 텍스트로 입력하면 자동으로 이미지를 생성한다.

명령어 창에 텍스트를 입력하고 '그려줘'라고 하면 4장의 이미지를 생성한다.

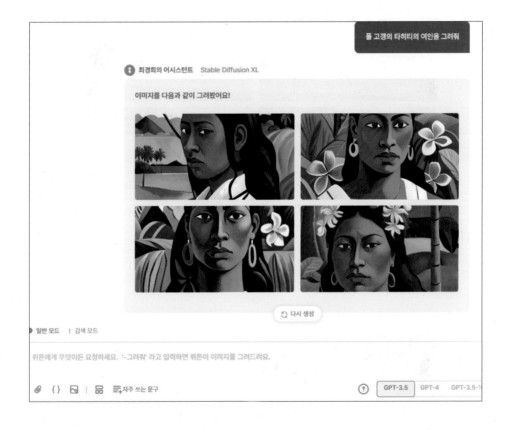

2) 뤼튼의 최신 게시물(메인 화면 – 공유 트렌드 – 최신 게시물)에서 다른 사용자가 만든 이 미지 명령어를 복사해서 새로운 이미지를 생성한다.

Ⅰ. 똑같은 명령어를 입력했지만 변형된 이미지를 생성한다.

3) 챗GPT 버전에 따라 다양한 형식으로 이미지를 생성한다. 챗GPT-4버전으로 생성한 이미지다.

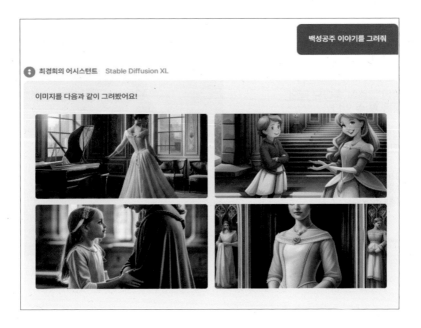

Ⅰ. 챗GPT-3.5버전으로 생성한 이미지다.

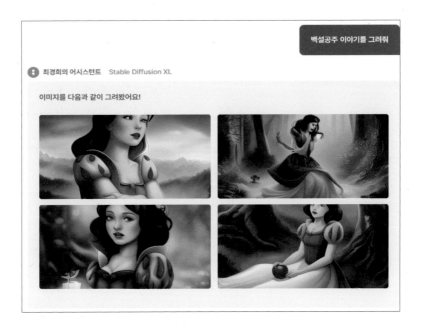

Ⅱ. 생성된 이미지는 확대해서 볼 수 있고 제작된 이미지의 저작권은 사용자에게 있으며, 상업적으로 사용할 수 있다.

■ 뤼튼은 편집 기능을 지원하지 않는다.

2-4 인공지능 그림 그리기

1) 텍스트 창에 명령어를 입력하여 이미지 생성하기

입력

중국 윈난성 계단식 논, 차가운 추상, 감정적, 다채로운, 사진, 인공지능

결과

입력

꿈 같은 콜라주, 낭만적인 사실주의, 프랑스 리얼리즘, 강 풍경, 고도로 상상력이 풍부한 세계, 동화 스타일의 도시, 다리가 있는 풍경, 여성의 얼굴

결과

2) 다른 사용자의 이미지 명령어를 사용하여 이미지 생성하기

입력

온갖 과일이 가득한 과일 가게에서 신선한 과일을 고르는 아주머니, 연속 동작 퍼즐, 아르누보,
64K, 고해상도

결과

입력

카누는 푸른 바다와 아름다운 산호초, 느린 스피드 사진, UHD, 고해상도, 그레이트 배리어 리프 해역을 항해

결과

10

포킷(pokeit)으로
인공지능 그림 그리기

01. 포킷의 이해

포킷 AI는 한국 스타트업 '라이언로켓'에서 개발한 국내 최초 이미지 생성 AI 플랫폼이다. 2023년 9월 현재 포킷 AI는 미국, 캐나다, 싱가포르 등 전 세계 57개국에 진출했다.

포킷은 'Poke'와 'It'의 합성어로 '탐나는 것을 손으로 폭! 찔러 보고 싶다'와 같이 누구나 '폭(클릭 혹은 터치)' 하는 단순하고 즐거운 행위 한 번으로 원하는 이미지를 쉽게 생성할 수 있도록 하는 AI 이미지 생성 프로그램이다.

2023년 3월 23일 서울 어린이대공원에서 얼룩말 탈출 사건이 발생하였을 때 탈출한 얼룩말인 '세로'를 패러디한 이미지가 이 프로그램에서 약 1,250개가 만들어지며 화제가 되기도 했다.

이 프로그램은 다른 AI 이미지 생성 프로그램에 비해 세밀한 부분에서는 조금 아쉬움이 있지만, 사용법이 간단해서 누구나 쉽게 활용할 수 있다는 장점을 가지고 있다.

프로그램 이용을 위해서는 '파이'가 필요하고 AI 이미지 생성 한 장에 2 파이가 소요된다. 매일 100 파이를 무료로 제공하고 있어 상업적으로 사용하는 이용자를 제외한 무료 사용자에게는 인기 있는 프로그램이다.

포킷 홈 화면에는 실시간 크리에이터 랭킹 순위, 베스트 레시피, 실시간 댓글 기능과 포킷 AI 운영 관련 피드백 및 꿀팁 공유 커뮤니티도 운영하고 있다. 젊은 층을 중심으로 한국 사용자들이 많이 이용하는 플랫폼이다.

퀴카
🐹 김작가   2일 전

노랑이
🐱 매력적인삼양라면사리   2일 전

Cyberpunk princess.
🐌 elegantSnail   2일 전

Puffy
🐱 coolRaspberry   2일 전

02. 포킷으로 인공지능 그림 그리기

2-1 회원 가입과 요금제

■ 회원 가입

1) 구글에서 프로그램 사이트에 접속한다.

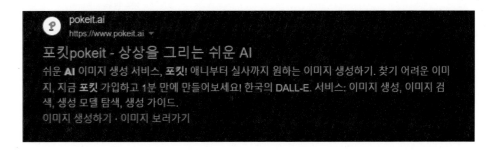

🌼 pokeit.ai
https://www.pokeit.ai ▾
포킷pokeit - 상상을 그리는 쉬운 AI
쉬운 **AI** 이미지 생성 서비스, **포킷**! 애니부터 실사까지 원하는 이미지 생성하기. 찾기 어려운 이미지, 지금 **포킷** 가입하고 1분 만에 만들어보세요! 한국의 DALL·E. 서비스: 이미지 생성, 이미지 검색, 생성 모델 탐색, 생성 가이드.
이미지 생성하기 · 이미지 보러가기

2) 메인 화면에서 오른쪽 위의 '로그인' 버튼을 클릭하여 회원 가입을 진행한다.

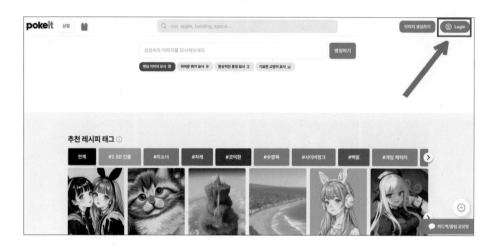

3) '로그인' 버튼을 클릭 후 나오는 아래 화면에서 ❶~❸의 순서에 따라 회원 가입을 진행한다. 구글 계정 연동으로 간단하게 가입할 수 있다.

■ 요금제

포킷에서 AI 이미지를 생성하려면 '파이'라는 일정의 크레딧이 있어야 한다. 회원 가입하면 기본적으로 1,000 파이를 제공한다. AI 이미지 생성 한 장에 2 파이가 소요된다.

유료 요금제는 구독형과 이용권의 두 가지로 구분된다.

구독형은 월 단위 요금제로 비즈니스 플랜(19,000원)과 엑스퍼트 플랜(99,000원)의 두 가지 요금제가 있다.

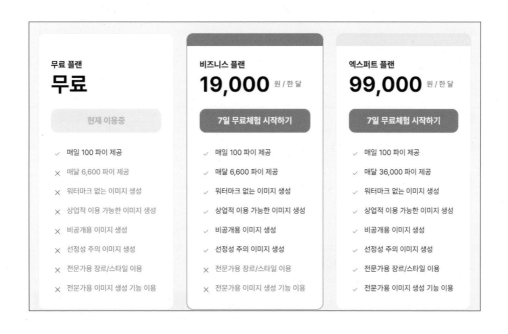

이용권은 크레딧의 개수에 따라 6,000원~126,000원까지 다양하다.

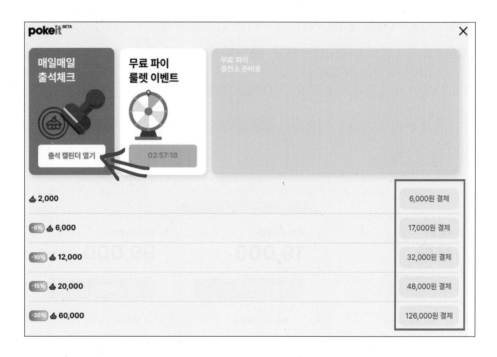

출석 체크 및 룰렛 등 이벤트 참여를 통해 무료 '파이'를 받을 수 있다.

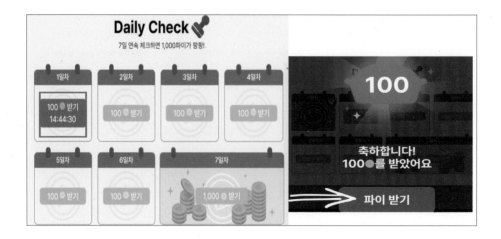

2-2 메인 화면 구성

1) 포킷의 메인 화면이다.

❶의 메뉴는 요금제, 출석 체크와 룰렛 이벤트를 통해 무료 파이를 받을 수 있는 기능 이다.

❷는 AI 이미지 생성, 사용자 작업실, 이용하고 있는 요금제, 설정, 알림 등의 기능이다.

❸은 추천 레시피(프롬프트)와 해시태그에 따른 이미지를 모아 놓은 갤러리다.

❹는 프로그램 이용에 대한 피드백과 꿀팁 등을 공유하는 오픈 채팅으로 연결된다. (카카오톡 오픈 채팅 연동)

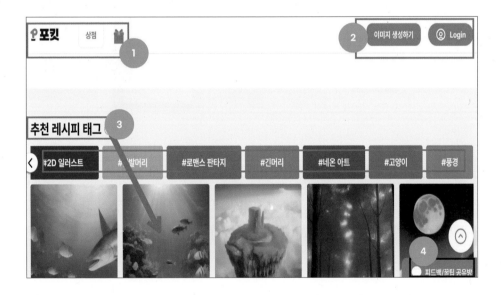

2) 요금제와 다양한 이벤트 기능을 제공한다.

❶의 '상점'과 '선물상자'를 클릭하면 요금제, 출석 체크 이벤트, 룰렛 이벤트 등에 참여하여 이미지 생성에 필요한 파이를 무료로 받을 수 있다.

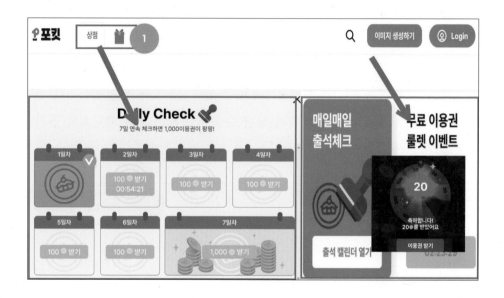

3) 사용자의 프로필 설정과 사용자의 작업실 및 이용 내역을 볼 수 있다.

❷의 얼굴 모양을 클릭하면 사용자의 프로필(닉네임, 언어 설정 등)과 본인 작업실, 본인이 사용한 이용권 내역, 결제 정보, 선정성 이미지 차단 등의 기능을 제공한다.

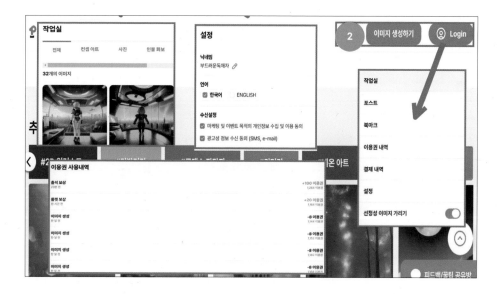

4) '이미지 생성을 위한 공간'이다.

❷의 '이미지 생성하기'를 클릭하면 이미지 생성을 위한 공간으로 이동한다. 'Pokeit' 글자 옆의 숫자는 이미지 생성에 필요한 파이의 현재 개수를 나타낸다.

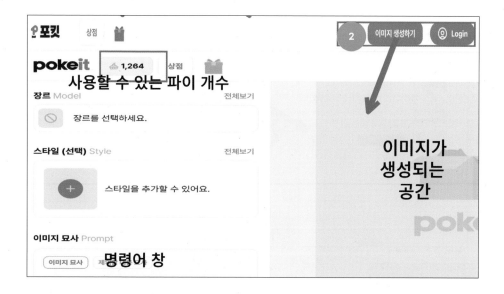

Ⅰ. 장르, 스타일, 명령어, 이미지 크기, 이미지 개수 등을 설정하고 '이미지 생성하기'를 클릭하면 명령어에 대한 이미지를 생성한다.

Ⅱ. 생성된 이미지는 '내 이미지 자랑하기' 기능을 이용하여 포킷의 다른 사용자들과의 커뮤니티 공간에 공유된다.

III. 생성된 그림이 실시간 포스트에 공유되었다.

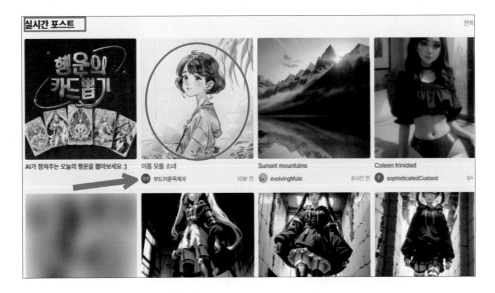

5) 포킷에서 제공한 추천 프롬프트와 실시간 크레에이터 랭킹, 베스트 레시피(가장 많은 '좋아요' 반응을 받은 일간 및 주간 이미지)를 볼 수 있다.

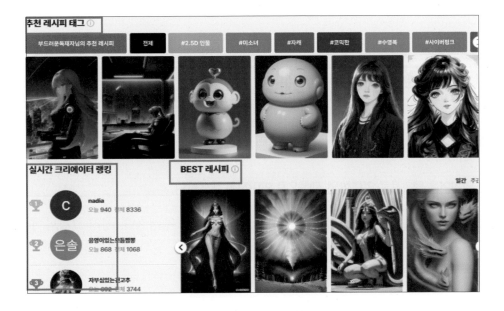

6) 카카오톡 오픈 채팅 기능을 지원한다.

❹를 클릭하면 포킷 프로그램 이용에 있어 피드백과 꿀팁 등을 공유하는 오픈 채팅 창 화면으로 이동한다. 카카오톡과 연동하여 운영한다.

2-3 주요 기능과 편집 기능

■ 주요 기능

1) 명령어를 텍스트로 입력하면 자동으로 이미지를 생성한다.

명령어 창에 텍스트를 입력하면 1분 안에 4장의 그림을 생성한다. 생성 그림의 개수는 별도로 설정할 수 있다.

2) 포킷에서 다른 사용자가 만든 인기 있는 이미지 명령어를 복사해서 새로운 이미지를 생성한다.

3) 메인 화면에서 제공하는 추천 명령어를 사용하여 이미지를 생성한다.

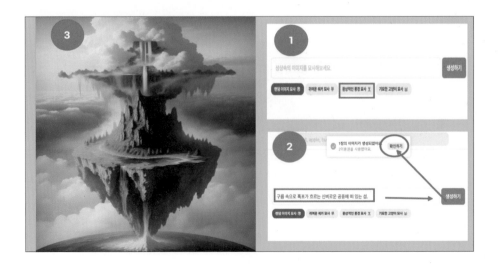

4) 생성된 이미지에 마우스를 가져다 놓으면 다양한 기능이 제공된다.

❶을 클릭하면 생성된 이미지에 대한 반응(좋아요)을 사용할 수 있다.

❷를 클릭하면 이미지를 다운로드할 수 있다.

❸을 클릭하면 북마크를 등록할 수 있다.

❹를 클릭하면 이미지를 복사할 수 있다.

❺를 클릭하면 생성된 이미지 원본을 변형해서 4장의 새로운 이미지를 생성한다.

❻을 클릭하면 원본 이미지를 업그레이드해서 4장의 새로운 이미지를 생성한다.

❼은 생성된 이미지의 장르, 비율, 생성 일자, 스타일, 연령 모드에 대한 안내를 제공한다. 무료로 생성한 이미지는 상업적으로 사용할 수 없다.

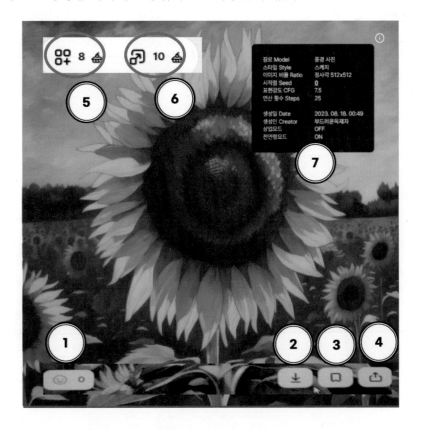

■ 뤼튼은 편집 기능을 지원하지 않는다.

2-4 인공지능 그림 그리기

1) 텍스트 창에 명령어를 입력하여 이미지 생성하기

입력

혁신적인 하우스 보트, 침실, 2.5D

결과

2) 다른 사용자의 이미지 명령어를 사용하여 이미지 생성하기

입력

타로 카드, 만화책 스타일, 고딕 여성, 알폰스 무하 스타일, J. 스콧 캠벨. 3D 애니메이션, 2.5D 인물

결과

3) 포킷에서 제공하는 추천 명령어를 사용하여 이미지 생성하기

입력

하프톤, 그림 같은 가을, 깊은 계곡에 자리 잡은 목가적인 마을, 해질녘, 나무들, 단풍, 원주민 무늬

결과

11

캔바(CANVA)로
인공지능 그림 그리기

01. 캔바의 이해

캔바는 호주 시드니에 본사를 둔 그래픽 디자인 플랫폼이다. 여러 종류의 동영상, 문서, 사진, 웹사이트, 홍보물 등을 간단하게 만들 수 있어 소셜 미디어나 프레젠테이션 용도로 자주 쓰인다.

캔바는 월간 활성 사용자가 약 1억 명에 달할 정도로 사용자가 많은 디자인 플랫폼으로 2012년 설립되었다.

캔바에서 제공하는 AI 서비스는 다양하다. PPT 및 섬네일 등 템플릿을 자동으로 수정하는 Magic Edit(무료), 배경과 사물을 삭제하는 Magic Eraser(배경 삭제 유료), 글쓰기 자동화 기능인 Magic Write(무료는 25회 제한), 음악에 동영상을 맞추는 Beat Sync(유료), 텍스트를 넣으면 AI가 이미지를 그려 주는 Text to Image(무료는 1일 100회), 제품 사진 배경 만들기 Product Photos(무료), 각종 콘텐츠를 대량 제작해 주는 Bulk Creator(30일 무료), 움직이는 에니메이션을 만들어 주는 Create an Animation 등이 있다.

캔바는 스테이블 디퓨전(Stable Diffusion)을 활용한 텍스트 기반 AI 생성형 이미지 기능을 추가해서 캔바 사용자라면 누구나 무료로 이용할 수 있다. 캔바의 '텍스트 투 이미지'의 베타버전은 출시한 지 두 달 만에 6백만 개 이상의 이미지를 생성하였다. 생성된 이미지는 소셜 미디어 게시물에서 프레젠테이션에 이르기까지 다양한 실제 사례에 사용되었다.

이 책에서는 캔바에서 새롭게 도입한 이미지 생성 AI(Text to Image) 부분만 알아보겠다.

02. 캔바로 인공지능 그림 그리기

2-1 회원 가입과 요금제

■ 회원 가입

1) 구글에서 프로그램 사이트에 접속한다.

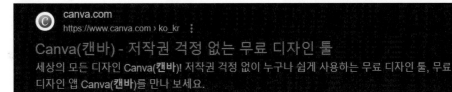

2) 캔바 접속 후 나타나는 첫 화면에서 '가입' 버튼을 클릭하여 회원 가입을 진행한다.

3) 회원 가입을 위해 ❶~❸까지의 과정을 진행한다. 구글, 페이스북, 이메일 등으로 회원 가입 진행이 가능하다.

■ 요금제

1) 캔바의 요금제는 무료, 개인, 단체 요금제로 구분된다.

1인 유료 사용은 월 14,000원, 단체 유료 사용(최초 2인부터 최대 5인까지)은 월 28,000원이다.

2) 캔바는 초, 중등 학생 및 교사와 학교 기관 종사자, 비영리 단체는 신청을 통해 프리미엄 혜택을 무료로 이용할 수 있다. '인증받기' 및 '문의하기'를 통해 다양한 혜택을 무료로 이용할 수 있다.

2-2 메인 화면 구성

1) 캔바 로그인 후 첫 화면이다.

❶ '**디자인 스포트라이트**'는 문서, 사진, 동영상, 마케팅, 인쇄와 관련된 템플릿과 튜토
리얼을 제공한다.

'**사업**'은 비즈니스 관련 기술과 협업 프로그램 및 지원 등에 관한 내용을 안내한다.

'**교육**'은 교육기관 사용자(학생, 교사)의 인증 및 활용 방법에 대한 다양한 아이디어
를 제공한다.

'**요금제 및 가격**'은 캔바의 무료 및 유료 사용에 대한 월과 연 단위 요금 안내와 개
인과 단체 요금을 안내한다.

'**배우다**'는 다양한 템플릿의 사용법에 대한 가이드를 제공한다.

❷는 캔바 사용 전반에 대한 안내, 계정 설정, 알림, 디자인 만들기 등을 제공한다.

❸은 캔바에서 제공하는 다양한 디자인 툴이다.

2) '문서'를 클릭하면 다양한 샘플 탬플릿을 제공한다. 디자인을 클릭해서 본인의 문서를 제작한다.

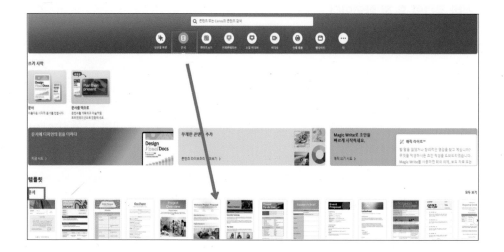

3) '화이트보드'를 클릭하면 다양한 샘플 템플릿을 제공한다.

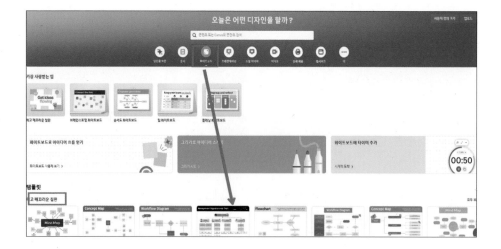

4) '점 3개'를 클릭하면 더 많은 용도의 디자인 툴을 볼 수 있다.

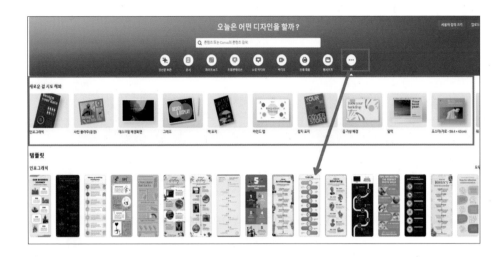

5) '당신을 위한'을 클릭하면 본인이 최근에 제작한 디자인을 볼 수 있다. '디자인 만들기'를 클릭하면 사용자가 제작하고자 하는 다양한 툴 카테고리를 제공한다.

6) 메인 화면 왼쪽 윗줄 3개를 클릭하면 집, 프로젝트, 템플릿, 브랜드 허브, 앱 등의 카테고 리가 나온다. '앱'을 클릭하면 AI 이미지 생성을 할 수 있는 화면으로 이동한다.

7) 앱을 클릭한 후 나온 화면이다. 다양한 작업을 할 수 있는 최신 트렌드의 템플릿을 제공한 다. '텍스트를 이미지로'를 클릭하면 AI 이미지 생성 프로그램으로 연결된다.

2-3   주요 기능과 편집 기능

■ 주요 기능

1) 명령어를 텍스트로 입력하면 자동으로 이미지를 생성한다.

앱을 클릭해서 나온 화면에서 Text to Image(텍스트를 이미지로)를 클릭한다.

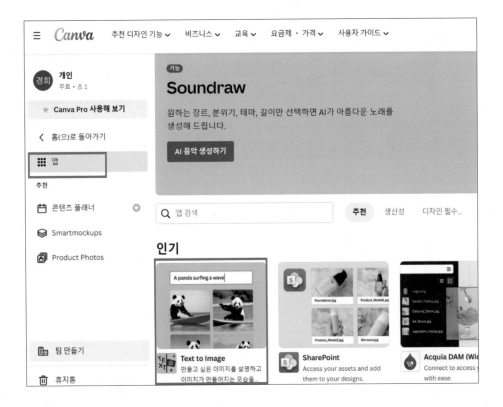

Ⅰ. 나오는 화면에서 '기존 디자인에서 사용'과 '새 디자인에서 사용'을 클릭해서 텍스트 기반 이미지를 생성한다.

Ⅱ. 화면에서 ①은 새로운 디자인에서 사용을 클릭했을 때 나오는 카테고리다. 본인이 제작하고자 하는 용도를 선택한다. ②는 기존 디자인에 사용이다. 기존에 제작했던 디자인 중 하나를 선택한다.

Ⅲ. '새로운 디자인에 사용'을 클릭했을 때 나오는 화면이다.

❶에 생성하고자 하는 이미지와 관련된 명령어를 입력한다.

❷는 생성하고자 하는 이미지 스타일을 클릭한다.

❸은 생성하고자 하는 이미지 크기를 클릭한다.

❹는 생성된 이미지 중 하나를 클릭해서 편집하는 화면이다.

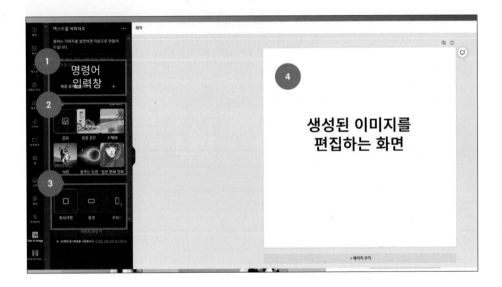

Ⅳ. 화면에서 왼쪽 프롬프트 입력 창에 생성하고자 하는 내용의 명령어를 입력하고 스타일, 크기를 설정하고 '이미지 만들기'를 클릭한다.

스타일 '모두 보기'에서 원하는 스타일을 클릭하고, 가로세로 비율 설정 후 이미지 만들기를 클릭하면 30초 안에 이미지를 생성한다.

Ⅴ. ❶에서 명령어 창에 텍스트를 입력하고 '이미지 만들기'를 클릭한다.

❷ 이미지가 만들어지는 과정을 볼 수 있다.

❸ 텍스트에 따른 4장의 이미지를 생성한다.

❹ '다시 만들기'를 클릭하면 변형된 새로운 이미지(4장)를 생성한다.

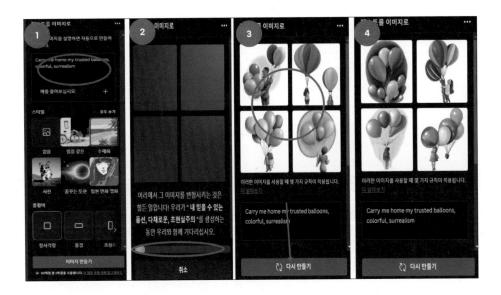

2) 생성된 이미지 중 하나를 클릭해서 편집할 수 있다. 캔바는 한글 지원이 된다. 명령어를
한글로 입력하여 이미지를 생성한다.

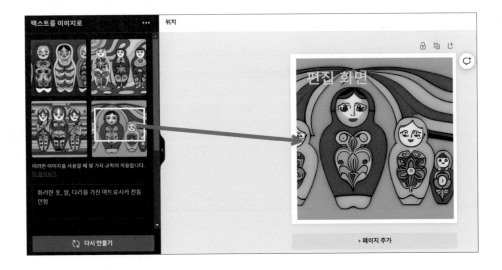

3) 생성한 이미지의 색깔을 바꿀 수 있다.

생성한 이미지는 ❶의 편집 화면에서 ❷의 Edit photo를 클릭해서 ❸의 효과 기능 중 '듀오톤'을 클릭해서 ❹와 같이 생성된 이미지 전체의 색상을 변경할 수 있다.

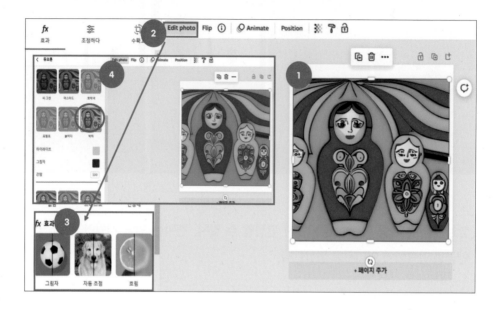

4) 생성한 이미지에 다양한 필터를 입힐 수 있다.

편집 화면에서 'Edit photo'를 클릭하고 '필터' 기능을 사용하여 생성된 이미지 전체의 필터를 조절할 수 있다.

5) 매직 편집 기능으로 이미지의 일부분을 삭제하고 명령어를 입력하여 새로운 이미지를 추가할 수 있다.

❶의 원본 이미지에서 ❷의 브러시를 사용하여 삭제할 부분을 지정하고 삭제한 부분에 들어갈 명령어를 입력하면 ❸과 같이 새로운 이미지가 추가된다.

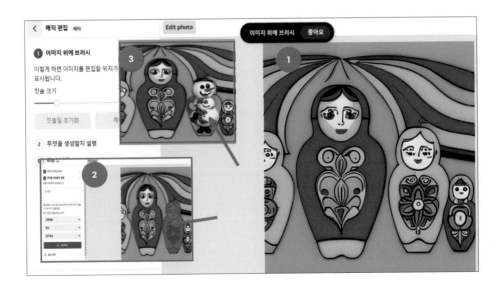

6) 생성한 이미지는 저장 및 외부로 공유할 수 있다.

이미지 편집이 완료된 화면에서 ❶의 파일을 선택하고 다운로드를 한다. ❷의 화면에서 다운로드 상황을 확인할 수 있다. ❸에서 링크를 복사해서 외부로 공유한다.

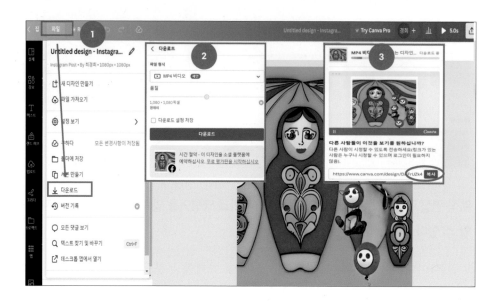

■ 편집 기능

1) 생성한 그림은 'AI 캔버스' 기능을 사용하여 편집할 수 있다.

편집 창에서 편집할 그림을 마우스로 클릭하면 오른쪽 위에 다양한 편집 기능이 나타난다.

❶은 이미지의 투명도를 조절하는 기능이다.
❷는 이미지의 위치를 상하좌우로 조절하는 기능이다.

I. 이미지에 애니메이션 효과를 적용할 수 있다.

이미지에 애니메이션을 적용할 수 있고, 태그 추가(유료 회원)와 폴더에 저장할 수 있다.

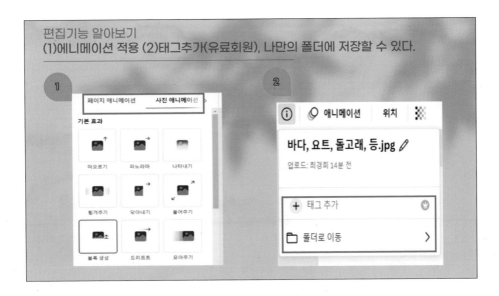

Ⅱ. 이미지 페이지 추가하기, 수평 및 수직 뒤집기 기능도 지원한다.

Ⅲ. 도구(리무버, 매직 지우개: 유료, 매직 편집: 무료), 필터 추가, 효과 등의 기능을 사용하여 이미지
를 편집할 수 있다.

Ⅳ. 편집 창에서 이미지를 클릭하면 이미지 복제, 휴지통, 점 3개가 나온다. 점 3개를 클릭해서 붙여 넣기, 텍스트 대체, 페이지에 색상 적용 등의 다양한 설정을 할 수 있다.

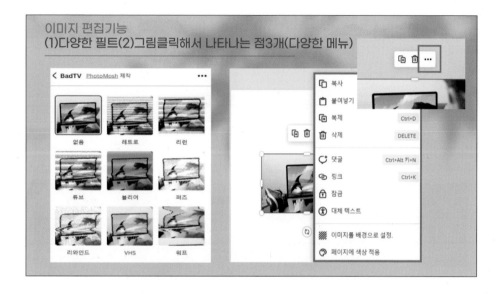

2-4   인공지능 그림 그리기

1) 텍스트 창에 명령어를 입력하여 이미지 생성하기

입력

다채로운, 핼러윈 유령의 묘지, 가능한 많은 색상, 생생한 만화 스타일

결과

입력

침실, 아늑한 로피 미학, 창문 옆 침대, 몇 개의 식물, 책, 헤드폰, 책상, 90년대 애니메이션 아트 스타일, 미니멀, 검은색과 녹색 색상만 사용, 16k

결과

2) 생성된 이미지의 배경을 삭제하고 다른 배경 추가하기

입력

스크래치보드 아트, 사나운 회색 늑대와 상서로운 구름, 중국식, 미니멀리스트

결과

산토리니 건축의 벡터 일러스트, 흰색 배경

■ 참고문헌

· 챗GPT: https://openai.com/blog/chatgpt

· 달리2: https://openai.com/dall-e-2

· 미드저니: https://www.midjourney.com

· 빙 이미지 크리에이터: https://www.bing.com

· 레오나르도: https://leonardo.ai

· 플레이그라운드: https://playgroundai.com

· 비 디스커버: https://bdiscover.kakaobrain.com

· 어도비 파이어플라이: https://firefly.adobe.com

· 뤼튼: https://wrtn.ai

· 포킷: https://www.pokeit.ai

· 캔바: https://www.canva.com

| 2023년 8월 31일 | 1판 | 1쇄 | 발 행 |
| 2023년 9월 28일 | 1판 | 2쇄 | 발 행 |

지 은 이 : 최경희 · 허기도 공저

펴 낸 이 : 박　　정　　태

펴 낸 곳 : **주식회사 광문각출판미디어**

10881
파주시 파주출판문화도시 광인사길 161
광문각 B/D 3층
등　　록 : 2022. 9. 2 제2022-000102호
전　화(代): 031-955-8787
팩　　스 : 031-955-3730
E - m a i l : kwangmk7@hanmail.net
홈페이지 : www.kwangmoonkag.co.kr

ISBN : 979-11-93205-04-4　　13000

값 : 20,000원

 한국과학기술출판협회
Korean Science & Technology Publisher Association

저자와 협의하여 인지를 생략합니다.